趙世家第十三　史記四十三

趙氏之先與秦共祖至中衍正義曰中音仲爲帝大戊御其後世蜚廉有子二人而命其一子曰惡來事紂爲周所殺其後爲秦惡來弟曰季勝其後爲趙季勝生孟增孟增幸於周成王是爲宅皋狼徐廣曰或云皐狼地名在西河○索隱曰按如此說是名孟增號宅皐狼而徐廣云皐狼地名在西河者按地理志皐狼是西河郡之縣名蓋孟增幸於周成王成王居之於皐狼故云皐狼皐狼生衙父衙父生造父造父幸於周繆王造父取驥之乘匹正義曰乘食證反並四曰乘兩曰疋取八駿品其力使均駟與桃林正義曰括地志云桃林在陝州桃林縣西至潼關皆爲桃林塞地山海經云夸父之山北有林焉名曰桃林廣闊三百里中多馬造父於此得驊騮綠耳之乘獻周

穆王也盜驪驊騮綠耳獻之繆王索隱曰言造父取八駿品其色齊其力使駟調也並四曰乘並兩曰匹繆王使造父御西巡狩見西王母樂之忘歸索隱曰穆天子傳曰穆王與西王母觴於瑤池之上作歌是樂而忘歸也而譙周不信此事而云余嘗聞之代俗以東西陰陽所出入宗其神謂之王父母或曰池名在西域有何據乎而徐偃王反正義曰括地志云大徐城在泗州徐城縣北三十里古之徐國也博物志云徐君宮人娠生卵以爲不祥棄於水濱孤獨母有犬名鵠倉銜所棄卵以歸覆煖之遂成小兒生偃王故宮人聞之更收養之及長襲爲徐君後鵠倉臨死生角而九尾實黃龍也鵠倉或名后倉也繆王日馳千里馬攻徐偃王大破之索隱曰譙周曰徐偃王與楚文王同時去周穆王遠矣且王者行有周衛豈聞亂而獨長驅日行千里乎並言此事非實也乃賜造父以趙城正義曰晉州趙城縣即造父邑也由此爲趙氏自造父已下六世至奄父曰公仲周宣王

時伐戎爲御及千畝戰正義曰括地志云千畝原在晉州岳陽縣北九十里也
奄父脫宣王奄父生叔帶叔帶之時周幽王無
道去周如晉事晉文侯始建趙氏于晉國自叔
帶以下趙宗益興五世而生趙夙趙夙晉獻公
之十六年伐霍魏耿而趙夙爲將伐霍霍公求
犇齊徐廣曰求一作來晉大旱卜之曰霍太山爲祟使
趙夙召霍君於齊復之以奉霍太山之祀晉復
穰晉獻公賜趙夙耿索隱曰今河東皮氏縣耿鄉夙生共孟當
魯閔公之元年也共孟生趙衰字子餘索隱曰系本云公明
生共孟及趙夙夙生成季衰衰生宣孟盾左傳云衰趙夙弟而此云共孟生衰譙周亦以此爲誤趙衰卜

事晉獻公及諸公子莫吉卜事公子重耳吉即
事重耳重耳以驪姬之亂亡奔翟趙衰從翟伐
廧咎如得二女翟以其少女妻重耳長女妻趙
衰而生盾初重耳在晉時趙衰妻亦生趙同趙
括趙嬰齊趙衰從重耳出亡凡十九年得反國
重耳爲晉文公趙衰爲原大夫居原任國政索隱
曰系本云成季徙原宋忠云今鴈門原平縣也○正義曰括
地志云原平故城漢原平縣也在代州崞縣南三十五里崞
音郭按宋忠說非也括地志云故原城在懷州濟原縣西北
二里左傳云襄王以原賜晉文公原不服文公伐原以示信
原降以趙衰爲原大夫即此也原本周畿內邑也文公所以反國及霸多趙
衰計策語在晉事中趙衰既反晉晉之妻固要

迎翟妻而以其子盾爲適嗣晉妻三子皆下事之晉襄公之六年而趙衰卒謚爲成季趙盾代成季任國政二年而晉襄公卒太子夷皐年少盾爲國多難欲立襄公弟雍雍時在秦使使迎之太子母日夜啼泣索隱曰穆嬴也頓首謂趙盾曰先君何罪釋其適子而更求君趙盾患之恐其宗與大夫襲誅之廼遂立太子是爲靈公發兵距所迎襄公弟於秦者靈公既立趙盾益專國政靈公立十四年益驕趙盾驟諫靈公弗聽及食熊蹯胹不孰殺宰人持其尸出趙盾見之靈公由

此懼欲殺盾盾素仁愛人嘗所食桑下餓人反扞救盾盾以得亡未出境而趙穿弑靈公而立襄公弟黑臀是爲成公趙盾復反任國政君子譏盾爲正卿亡不出境反不討賊故太史書曰趙盾弑其君晉景公時索隱曰成公之子名據而趙盾卒謚爲宣孟子朔嗣趙朔晉景公之三年朔爲晉將下軍救鄭與楚莊王戰河上朔娶晉成公姊爲夫人晉景公之三年大夫屠岸賈欲誅趙氏徐廣曰按年表救鄭及誅滅皆景公三年初趙盾在時夢見叔帶持要而哭甚悲已而笑拊手且歌盾卜之兆絕而後好

趙史援占之曰此夢甚惡非君之身乃君之子然亦君之咎至孫趙將世益衰屠岸賈者始有寵於靈公及至於景公而賈爲司寇將作難乃治靈公之賊以致趙盾徧告諸將曰盾雖不知猶爲賊首以臣弑君子孫在朝何以懲辠請誅之韓厥曰靈公遇賊趙盾在外吾先君以爲無罪故不誅今諸君將誅其後是非先君之意而今妄誅妄誅謂之亂臣有大事而君不聞是無君也屠岸賈不聽韓厥告趙朔趣亡朔不肯曰子必不絕趙祀朔死不恨韓厥許諾稱疾不出

賈不請而擅與諸將攻趙氏於下宮殺趙朔趙同趙括趙嬰齊皆滅其族趙朔妻成公姊有遺腹走公宮匿趙朔客曰公孫杵臼杵臼謂朔友人程嬰曰胡不死程嬰曰朔之婦有遺腹若幸而男吾奉之即女也吾徐死耳居無何而朔婦免身生男屠岸賈聞之索於宮中夫人置兒絝中祝曰趙宗滅乎若號即不滅若無聲及索兒竟無聲已脫程嬰謂公孫杵臼曰今一索不得後必且復索之奈何公孫杵臼曰立孤與死孰難程嬰曰死易立孤難耳公孫杵臼曰趙氏先

君遇子厚子彊為其難者吾為其易者請先死
乃二人謀取他人嬰兒負之衣以文葆徐廣曰小兒被曰葆
匿山中程嬰出謬謂諸將軍曰嬰不肖不能立
趙孤誰能與我千金吾告趙氏孤處諸將皆喜
許之發師隨程嬰攻公孫杵臼杵臼謬曰小人
哉程嬰昔下宮之難不能死與我謀匿趙氏孤
兒今又賣我縱不能立而忍賣之乎抱兒呼曰
天乎天乎趙氏孤兒何罪請活之獨殺杵臼可
也諸將不許遂殺杵臼與孤兒諸將以為趙氏
孤兒良已死皆喜然趙氏真孤乃反在程嬰卒

與俱匿山中居十五年晉景公疾卜之大業之
後不遂者為祟景公問韓厥厥知趙孤在乃曰
大業之後在晉絕祀者其趙氏乎夫自中衍者
皆嬴姓也中衍人面鳥噣降佐殷帝大戊及周
天子皆有明德下及幽厲無道而叔帶去周適
晉事先君文侯至于成公世有立功未嘗絕祀
今吾君獨滅趙宗國人哀之故見龜策唯君圖
之景公問趙尚有後子孫乎韓厥具以實告於
是景公乃與韓厥謀立趙孤兒召而匿之宮中
諸將入問疾景公因韓厥之眾以脅諸將而見

趙孤趙孤名曰武諸將不得已乃曰昔下宮之難屠岸賈爲之矯以君命并命羣臣非然孰敢作難微君之疾羣臣固且請立趙後今君有命羣臣之願也於是召趙武程嬰徧拜諸將遂反與程嬰趙武攻屠岸賈滅其族復與趙武田邑如故徐廣曰推次晉復與趙武田邑是景公之十七年也而乃是春秋成公八年經書晉殺其大夫趙同趙括左傳於此說立趙武事者註云終說之耳非此年也及趙武冠爲成人程嬰乃辭諸大夫謂趙武曰昔下宮之難皆能死我非不能死我思立趙氏之後今趙武既立爲成人復故位我將下報趙宣孟與公孫杵臼趙武啼

泣頓首固請曰武願苦筋骨以報子至死而子忍去我死乎程嬰曰不可彼以我爲能成事故先我死今我不報是以我事爲不成遂自殺趙武服齊衰三年爲之祭邑春秋祠之世世勿絕新序曰程嬰公孫杵臼可謂信友厚士矣嬰之自殺下報亦過矣○正義曰今河東趙氏祠先人猶別舒一座祭二士矣趙氏復位十一年而晉厲公殺其大夫三郤欒書畏及乃遂弒其君厲公更立襄公曾孫周徐廣曰年表云襄公孫也○索隱曰晉系家云襄公少子名周是爲悼公晉由此大夫稍彊趙武續趙宗二十七年晉平公立平公十二年而趙武爲正卿十三年吳延陵季子使於

晉曰晉國之政卒歸於趙武子韓宣子魏獻子之後矣趙武死謚爲文子文子生景叔（索隱曰系本云景叔名成）景叔之時齊景公使晏嬰於晉（徐廣曰平公之十九年）晏嬰與晉叔向語嬰曰齊之政後卒歸田氏叔向亦曰晉國之政將歸六卿六卿侈矣而吾君不能恤也趙景叔卒生趙鞅是爲簡子趙簡子在位晉頃公之九年簡子將合諸侯戍于周其明年入周敬王于周辟弟子朝之故也晉頃公之十二年六卿以法誅公族祁氏羊舌氏分其邑爲十縣六卿各令其族爲之大夫晉公室由此

益弱後十三年魯賊臣陽虎來奔趙簡子受賂厚遇之趙簡子疾五日不知人大夫皆懼醫扁鵲視之出董安于問（韋昭曰安于簡子家臣）扁鵲曰血脉治也而何怪在昔秦繆公嘗如此七日而寤寤之日告公孫支與子輿（索隱曰二子秦大夫公孫支子桑）曰我之帝所甚樂吾所以久者適有學也帝告我晉國將大亂五世不安其後將霸未老而死霸者之子且令而國男女無別公孫支書而藏之（索隱曰藏一作籍籍錄也謂當時即記錄書之於籍也）秦讖於是出矣獻公之亂文公之霸而襄公敗秦師於殽而歸縱淫此子之所聞

今主君之疾與之同不出三日疾必閒閒必有
言也居二日半簡子寤語大夫曰我之帝所甚
樂與百神游於鈞天廣樂九奏萬舞不類三代
之樂其聲動人心有一熊欲來援我帝命我射
之中熊熊死又有一羆來我又射之中羆羆死
帝甚喜賜我二笥皆有副吾見兒在帝側帝屬
我一翟犬曰及而子之壯也以賜之帝告我晉
國且世衰七世而亡正義曰謂晉定公出公哀公幽公烈公孝公靜公爲七世靜公二年
爲三晉所滅據此及年表簡公子疾在定公十一年嬴姓將大敗周人於范魁
之西正義曰嬴趙姓也周人謂衞也晉曰三工之後趙成侯三年取衞都鄙七十三是也西冝徙云三年曰魁也而

亦不能有也索隱曰范魁地名不知所在蓋趙地也今余思虞舜之勳
適余將以其胄女孟姚配而七世之孫索隱曰即姓嬴號吳廣
之女姚姓孟字也七代孫武靈王也董安于受言而書藏之以扁鵲
言告簡子簡子賜扁鵲田四萬畝他日簡子出
有人當道辟之不去從者怒將刃之當道者曰
吾欲有謁於主君從者以聞簡子召之曰譆吾
有所見子晰也索隱曰簡子見當道者乃寤曰譆是故吾前夢所見者知其名曰子晰也當
道者曰屏左右願有謁簡子屏人當道者曰主
君之疾臣在帝側簡子曰然有之子之見我我
何爲當道者曰帝令主君射熊與羆皆死簡子

曰是且何也當道者曰晉國且有大難主君首之帝令主君滅二卿夫熊與羆皆其祖也正義曰范氏中行氏之祖也簡子曰帝賜我二笥皆有副何也正義曰副謂皆子姓也當道者曰主君之子將克二國於翟皆子姓也正義曰謂代及智氏也簡子曰吾見兒在帝側帝屬我一翟犬曰及而子之長以賜之夫兒何謂以賜翟犬當道者曰兒主君之子也翟犬者代之先也主君之子且必有代及主君之後嗣且有革政而胡服正義曰今時服也廢除裘裳也并二國於翟正義曰武靈王略中山地至寧葭西略胡地至樓煩榆中是也簡子問其姓而延之以官當道者

曰臣野人致帝命耳遂不見簡子書藏之府異日姑布子卿見簡子司馬彪曰姑布姓子卿字簡子徧召諸子相之子卿曰無爲將軍者簡子曰趙氏其滅乎子卿曰吾嘗見一子於路殆君之子也簡子召子毋卹毋卹至則子卿起曰此眞將軍矣簡子曰此其母賤翟婢也奚道貴哉子卿曰天所授雖賤必貴自是之後簡子盡召諸子與語毋卹最賢簡子乃告諸子曰吾藏寶符於常山上先得者賞諸子馳之常山上求無所得毋卹還曰已得符矣簡子曰奏之毋卹曰從常山上臨代

代可取也正義曰地道記云恒山在上曲陽縣西北百四十里北行四百五十里得恒山岌号飛狐口北則代郡也簡子於是知毋卹果賢乃廢太子伯魯而以毋卹爲太子後二年晉定公之十四年范中行作亂明年春簡子謂邯鄲大夫午曰歸我衞士五百家吾將置之晉陽服虔曰往年趙鞅圍衞衞人恐懼故貢五百家鞅置之邯鄲又欲更徙於晉陽午許諾歸而其父兄不聽服虔曰午之諸父兄及邯鄲中長老倍言趙鞅捕午囚之晉陽乃告邯鄲人曰我私有誅午也諸君欲誰立杜預曰午趙鞅同族別封邯鄲故使邯鄲人更立午宗親也遂殺午趙稷涉賓以邯鄲反服虔曰稷午子晉君使籍秦圍邯鄲左傳曰籍秦此時爲上軍司馬○索隱曰系本籍秦晉大夫籍游之孫籍談之子荀寅范吉射與午善左傳曰午荀寅之甥荀寅范吉射之姻○索隱曰系本云晉大夫逝遨生桓伯林父林父生宣伯庚庚生獻伯偃偃生穆伯吳吳生寅本姓荀自荀偃將中軍晉改中軍曰中行因氏焉元與智氏同祖逝遨故智氏亦稱荀范氏晉大夫隰叔之子士蔿之後蔿生成伯缺缺生武子會會生文叔燮燮生宣叔匄匄生獻子鞅鞅生吉射也不肯助秦而謀作亂董安于知之十月范中行氏正義曰按會食邑於范因爲范氏又中行寅本姓荀自荀偃將中軍爲中行因号中行氏元與智氏因承襲逝遨姓荀氏伐趙鞅鞅奔晉陽晉人圍之范吉射荀寅仇人魏襄等謀逐荀寅以梁嬰父代之賈逵曰梁嬰父晉大夫也逐吉射以范皐繹代之服虔曰范氏之側室子荀躒言於晉侯曰服虔曰荀躒智文子○索隱曰系本云逝遨生莊子首首生武子罃罃生莊子朔朔生悼子盈盈生文子櫟櫟生宣子申申生智伯瑤君命大臣始亂

者死今三臣始亂（賈逵曰范中行趙也）而獨逐鞅用刑不均請皆逐之十一月荀躒韓不佞魏哆奉公命以伐范中行氏（索隱曰不佞韓簡子哆魏簡子系本名取也）不克范中行氏反伐公公擊之范中行敗走丁未二子奔朝歌（索隱曰范吉射荀寅也）韓魏以趙氏爲請（服虔曰以其罪輕於荀范也○正義曰按趙鞅被范中行伐乃奔晉陽以其罪輕故韓魏爲請晉君而得入絳）十二月辛未趙鞅入絳盟于公宮其明年知伯文子謂趙鞅曰范中行雖信爲亂安于發之是安于與謀也晉國有法始亂者死夫二子已伏罪而安于獨在趙鞅患之安于曰臣死趙氏定晉國寧吾死晚矣遂

自殺趙氏以告知伯然後趙氏寧孔子聞趙簡子不請晉君而執邯鄲午保晉陽故書春秋曰趙鞅以晉陽畔趙簡子有臣曰周舍好直諫周舍死簡子每聽朝常不悅大夫請辠簡子曰大夫無罪吾聞千羊之皮不如一狐之腋諸大夫朝徒聞唯唯不聞周舍之鄂鄂是以憂也（韓詩外傳曰周舍立於門下三日三夜簡子使問之曰子欲見寡人何事對曰願爲鄂鄂之臣墨筆操牘從君之過而日有記月有成歲有效也）簡子由此能附趙邑而懷晉人晉定公十八年趙簡子圍范中行于朝歌中行文子奔邯鄲（索隱曰荀寅也）明年衞靈公卒簡子與陽虎送衞

太子蒯聵于衛不內居戚（正義曰括地志云故戚城在相州澶水縣東三十里杜預云戚衛邑在頓丘縣西有戚城是也）晉定公二十一年簡子拔邯鄲中行文子奔柏人簡子又圍柏人中行文子范昭子遂奔齊（索隱曰吉射也）趙竟有邯鄲柏人范中行餘邑入于晉趙名晉卿實專晉權奉邑侔於諸侯晉定公三十年定公與吳王夫差爭長於黄池趙簡子從晉定公卒長吳定公三十七年卒而簡子除三年之喪期而已是歲越王勾踐滅吳晉出公十一年知伯伐鄭趙簡子疾使太子毋卹將而圍鄭知伯醉以酒灌擊毋卹毋卹羣臣請死之毋卹曰君所以置毋卹爲能忍詢然亦慍知伯知伯歸因謂簡子使廢毋卹簡子不聽毋卹由此怨知伯晉出公十七年簡子卒（張華曰趙簡子冢在臨水界二冢併上氣成樓閣）太子毋卹代立是爲襄子

趙襄子元年越圍吳（正義曰年表及趙世家云左傳越滅吳在簡子三十五年已在襄子元年前十五年矣何得更有越圍吳之事從此此下至問吳王是三十年事文胱誤在此耳）襄子降喪食使楚隆問吳王（正義曰左傳云哀公二十年越圍吳以襄子嗣立故降父之祭饌而使楚隆慰問王爲哀公十三年簡子在黄池之役与吳王質言曰好惡同之故減祭饌及問吳王也而趙世家及六國年表云此年晉定公卒簡子除三年之喪服朞而已按簡子死及使吳年月皆誤與左傳文不同）襄子姊前爲代王夫人簡子既葬未除服北登夏屋（徐廣

曰山在廣武○正義曰括地志云夏屋山一名賈屋山今名賈母山在代州鴈門縣東北三十五里夏屋與句注山相接蓋北方之險亦天下之阻路所以分別內外也請代王使厨人操銅枓正義曰音斗合作枓其形方有柄取斟水器說文云鉤也以食代王及從者行斟陰令宰人各徐廣曰一作雒以枓擊殺代王及從官遂興兵平代地其姊聞之泣而呼天摩笄自殺代人憐之所死地名之為摩笄之山正義曰笄今簪也括地志云摩笄山一名磨笄山亦名為山在蔚州飛狐縣東北百五十里魏土地記云代郡東南二十五里有馬頭山趙襄子既殺代王使人迎其婦代王夫人曰以弟慢夫非仁也以夫怨弟非義也磨笄自殺而死使者亦自殺也遂以代封伯魯子周為代成君伯魯者襄子兄故太子太子蚤死故封其子襄子立四年知伯與趙韓魏盡分

其范中行故地晉出公怒告齊魯欲以伐四卿四卿恐遂共攻出公出公奔齊道死知伯乃立昭公曾孫驕是為晉懿公索隱曰或作哀公其大父名雍即昭公少子號戴子也知伯益驕請地韓魏韓魏與之請地趙趙不與以其圍鄭之辱知伯怒遂率韓魏攻趙趙襄子懼乃奔保晉陽原過從後至於王澤正義曰括地志云王澤在絳州正平縣南七里也見三人自帶以上可見自帶以下不可見與原過竹二節莫通曰為我以是遺趙毋卹原過既至以告襄子襄子齊三日親自剖竹有朱書曰趙毋卹余霍泰山徐廣曰在河東永安縣山陽

侯天使也三月丙戌余將使女反滅知氏女亦立我百邑余將賜女林胡之地至于後世且有伉王赤黑龍面而鳥噣鬢麋髭髯大膺大胷脩下而馮左衽界乘徐廣曰脩或作隨界一作介奄有河宗正義曰穆天子傳云河宗之子孫則栢絮按蓋在龍門河之上流嵐勝二州之地也至于休溷諸貉正義曰音陌自河宗休溷諸貉乃戎狄之地也南伐晉別正義曰趙南伐晉之別邑謂韓魏之邑也北滅黑姑正義曰亦戎國襄子再拜受三神之令三國攻晉陽歲餘引汾水灌其城城不浸者三版正義曰何休云八尺曰版城中懸釜而炊易子而食羣臣皆有外心禮益慢唯高共徐廣曰一作赫不敢失禮襄子懼乃夜

使相張孟同私於韓魏韓魏索隱曰戰國策作張孟談談者史遷之父名遷例改爲同與合謀以三月丙戌三國反滅知氏共分其地於是襄子行賞高共爲上張孟同曰晉陽之難唯共無功襄子曰方晉陽急羣臣皆懈惟共不敢失人臣禮是以先之於是趙北有代南并知氏彊於韓魏遂祠三神於百邑使原過主霍泰山祠祀正義曰括地志云三神祀今名原過祠今在霍山側也其後娶空同氏正義曰括地志云空峒山在肅州福祿縣東南六十里古西戎地又原州平高縣西百里亦有崆峒山即黄帝問廣成子道處俱是西戎地未知孰是生五子襄子爲伯魯之不立也不肯立子且必欲傳位與伯魯子代成君成

君先死乃取代成君子浣立爲太子索隱曰代成君名周伯魯之子系本云代成君子起即襄子之子不云伯魯非也襄子立三十三年卒浣立是爲獻侯獻侯少即位治中牟地理志曰河南中牟縣趙獻侯自耿徙此瓚曰中牟在春秋之時是鄭之疆內也及三卿分晉則在魏之邦土也趙界自漳水以北不及此春秋傳曰衛侯如晉過中牟按中牟非衛適晉之次也汲郡古文曰齊師伐趙東鄙圍中牟此中牟不在趙之東也按中牟當漯水之北○索隱曰此趙中牟在河北非鄭之中牟○正義曰按五鹿在魏州元城縣東十二里鄴即相州蕩陽縣西五十八里有牟山蓋中牟邑在此山側也襄子弟桓子逐獻侯自立於代索隱曰系本云襄子子桓子與此不同一年卒國人曰桓子立非襄子意乃共殺其子而復迎立獻侯十年中山武公初立徐廣曰西周桓公之子桓公者孝王弟而定王子○索隱曰中山古鮮虞國姬姓也系本云中山武公居

顧桓公徙靈壽爲趙武靈王所滅不言誰之子孫徐廣云西周桓公之子亦無所據蓋未得其實十三年城平邑地理志曰代郡有平邑縣十五年獻侯卒子烈侯籍立烈侯元年魏文侯伐中山使太子擊守之六年魏韓趙皆相立爲諸侯追尊獻子爲獻侯烈侯好音謂相國公仲連曰寡人有愛可以貴之乎公仲曰富之可貴之則否烈侯曰然夫鄭歌者槍石二人索隱曰槍音七羊反槍與石二人名吾賜之田人萬畝公仲曰諾不與居一月烈侯從代來問歌者田公仲曰求未有可者有頃烈侯復問公仲終不與乃稱疾不朝番吾君徐廣曰番音盤常山有番吾縣○正義曰括地志云番吾故城

在恆州房山縣東二十里番蒲古今音異耳自代來謂公仲曰君實好善而未知所持今公仲相趙於今四年亦有進士乎公仲曰未也番吾君曰牛畜荀欣徐越皆可公仲乃進三人及朝烈侯復問歌者田何如公仲曰方使擇其善者牛畜侍烈侯以仁義約以王道烈侯逌然[正義曰逌音由古字與攸同言牛畜以仁義約以王道故止歌者田攸攸氣行][皃寛緩也]明日荀欣侍以選練舉賢任官使能明日徐越侍以節財儉用察度功德所與無不充君說烈侯使使謂相國曰歌者之田且止官牛畜爲師荀欣爲中尉徐越爲內史[正義曰漢書百官公卿表云少府內史周官秦因之掌治京師]賜相國衣二襲[單複具爲一襲]

九年烈侯卒武公立[索隱曰譙周云系本及說趙語者並無其事蓋別有所據]武公十三年卒趙復立烈侯太子章是爲敬侯是歲魏文侯卒敬侯元年武公子朝作亂不克出奔魏趙始都邯鄲二年敗齊于靈丘[地理志曰代郡有靈丘縣]三年救魏于廩丘大敗齊人四年魏敗我兔臺築剛平[正義曰兔臺剛平並在河北]以侵衛五年齊魏爲衛攻趙取我剛平六年借兵於楚伐魏取棘蒲[正義曰今趙州平棘縣古棘蒲邑]八年拔魏黃城[杜預曰陳留外黃縣東有黃城○正義曰括地志云故黃城在魏州冠氏縣南十里因黃溝爲名按陳留外黃城非隨所別也]九年伐齊齊伐燕趙救燕十

年與中山戰于房子正義曰趙州房子縣是十一年魏韓趙共滅晉分其地伐中山又戰於中人徐廣曰中山唐縣有中人亭○正義曰括地志云中山故城一名中人亭在定州唐縣東北四十一里春秋時鮮虞國之中人邑也十二年敬侯卒子成侯種立成侯元年公子勝與成侯爭立為亂二年六月雨雪三年大戊午為相徐廣曰戊一作成伐衛取鄉邑七十三魏敗我藺正義曰地理志云屬西河郡也四年與秦戰高安正義曰蓋在河東敗之五年伐齊于鄄正義曰濮州鄄城縣是也魏敗我懷攻鄭敗之以與韓韓與我長子地理志曰上黨有長子縣六年中山築長城伐魏敗涿澤正義曰涿音濁徐廣云長杜有濁澤非也括地志云濁水源出蒲州解縣東北平地爾時魏都安邑韓趙伐魏豈河南至長杜也解縣濁水近於魏都當是也圍魏惠王七年侵齊至長城正義曰齊長城西頭在齊州平陰縣太山記云太山西北有長城緣河經太山千餘里瑯琊入海括地志云所侵處在密州南三十里也與韓攻周八年與韓分周以為兩徐廣曰顯王二年周紀無此○正義曰括地志云史記周顯王二年西周惠公封少子班於鞏為東周其子武公為秦所滅郭緣生述征記云鞏縣本周鞏伯邑九年與齊戰阿下徐廣曰戰一作會也○正義曰阿東阿也今濟州東阿縣也十年攻衛取甄十一年秦攻魏趙救之石阿正義曰蓋在石隰等州界也十二年秦攻魏少梁正義曰少梁故城在同州韓城縣南二十二里古少梁國也趙救之十三年秦獻公使庶長國伐魏少梁虜其太子座魏敗我澮取皮牢徐廣曰魏年表曰取趙皮牢○正義曰括地志云澮水縣在絳州翼城縣東南二十五里按皮牢當在澮之側成侯與韓

昭侯遇上黨十四年與韓攻秦十五年助魏攻
齊十六年與韓魏分晉封晉君以端氏徐廣曰在平陽
○正義曰端氏澤州縣也十七年成侯與魏惠王遇葛孼徐廣曰在馬丘
年表曰十八年趙孟如齊○正義曰括地志云澮水縣在絳州翼城縣東南二十五里按皮牢當在澮之側十九
年與齊宋會平陸正義曰兗州縣也平陸城與即古厥國與燕會阿正義
曰括地志云故葛城一名依城又名西阿城在瀛州高陽縣西北五十里以徐兗二水並過其西又祖經其北曰阿以
齊有東阿故曰西阿城地理志云瀛州屬河閒趙分也按燕趙即此也二十年魏獻榮椽
因以爲檀臺徐廣曰襄國縣有檀臺○索隱曰劉氏云榮椽蓋地名其中有高臺可以爲臺非也
按榮椽是良材可爲椽登飾有光榮所以魏獻之故趙因用之以爲檀臺○正義曰鄭玄云榮屋翼也說文云椽榱也屋
梠之兩頭起者爲榮也括地志云檀臺在洺州臨洺縣北二里二十一年魏圍我邯鄲

二十二年魏惠王拔我邯鄲齊亦敗魏於桂陵
正義曰括地志云故桂城在曹州乘氏縣東北二十一里故老云此即桂陵也二十四年魏歸
我邯鄲與魏盟漳水上秦攻我藺二十五年成
侯卒公子緤音薛與太子肅侯爭立索隱曰系本云肅侯名語緤
敗亡奔韓肅侯元年奪晉君端氏徙處屯留正義
曰括地志云屯留故城在潞州長子縣東北三十里本漢屯留縣城也二年與魏惠王遇
於陰晉正義曰地里志云華陰縣魏之陰晉秦惠文王更名寧秦高帝更名華陰今屬華州
三年公子范襲邯鄲不勝而死四年朝天子六
年攻齊拔高唐七年公子刻攻魏首垣正義曰蓋在河北也
十一年秦孝公使商君伐魏虜其將公子卬

趙伐魏十二年秦孝公卒商君死十五年起壽陵 正義曰徐廣云在常州 徐廣曰太原有大陵縣亦曰陸○正義曰括地志云大陵城在幷州文水縣北十三里漢大陵縣城 魏惠王卒十六年肅侯游大陵出於鹿門 正義曰幷州盂縣西有白鹿𨸏魏出白鹿山南海盂鹿門在北山水之側也 大戊午扣馬 呂忱曰扣牽馬 曰耕事方急一日不作百日不食肅侯下車謝十七年圍魏黃不克 地理志曰山陽有黃縣○正義曰黃城在魏州前拔之却爲魏今趙圍之矣 築長城 正義曰劉伯莊云蓋從雲中以北至代按趙長城從蔚州北西至嵐州北盡趙界又疑此長城在漳水之北趙南界 十八年齊魏伐我我決河水灌之兵去二十二年張儀相秦趙疵與秦戰敗秦殺疵河西取我藺離石二十三年韓舉 徐廣曰韓將 與齊魏戰死于桑丘 地理志云泰山有桑丘縣○正義曰括地志云桑丘城在易州遂城縣界或云在泰山非也此時齊伐燕桑丘三晉皆來救之不得在泰山有桑丘縣此說甚誤也 二十四年肅侯卒秦楚燕齊魏出銳師各萬人來會葬子武靈王立 索隱曰名雍 武靈王元年 徐廣曰年表云魏敗我趙護 陽文君趙豹相梁襄王與太子嗣韓宣王與太子倉來朝信宮 正義曰在洺州臨洺縣也 武靈王少未能聽政博聞師三人左右司過三人及聽政先問先王貴臣肥義加其秩國三老年八十月致其禮三年城鄗四年與韓會于區鼠 正義曰蓋在河北 五年娶韓女爲夫人八年韓擊秦不勝而去五國相

王趙獨否曰無其實敢處其名乎令國人謂已曰君九年與韓魏共擊秦秦敗我斬首八萬級齊敗我觀澤 正義曰括地志云觀澤故城在魏州頓丘縣東十八里也 十年秦取我西都及中陽 徐廣曰年表云秦取中都西陽安邑十一年秦敗我將軍英太原有中都縣西河有中陽縣 齊破燕燕相子之爲君君反爲臣十一年王召公子職於韓立以爲燕王 徐廣曰紀年亦云爾 使樂池送之 燕世家子之死後燕人共立太子平是爲燕昭王無趙送公子職爲燕王之事當是趙聞燕亂遥立職爲燕王雖使樂池送之竟不能就○索隱曰燕系家無其事盖是疎也今此云使樂池送之必是憑舊史爲說且紀年之書其說又同則裴駰之解得其旨正義曰本一作跐音疋婢反 十三年秦拔我藺虜將軍趙莊楚魏王來過邯鄲十四年趙何攻魏十六年秦惠王卒王遊大陵他日王夢見處女鼓琴而歌詩曰美人熒熒兮顏若苕之榮 綦毋邃曰陵苕之草其華紫○正義曰苕音條毛詩疏云苕饒也幽州謂之翹饒蔓似登豆而細葉似蒺藜而青其華細綠色可生食味如小豆藿也又本草經云陵苕生下濕水中七八月生華紫草可以染帛煮沐頭髮即黑也 命乎命乎曾無我嬴 綦毋邃曰言有命祿生遇其時人莫知已貴盛盈端也○正義曰按命名也嬴姓嬴也言世衆名其美好曾無我好嬴也重言名呼者以談說衆也 異日王飲酒樂數言所夢想見其狀吳廣聞之因夫人而內其女娃嬴 方言曰娃美也吳有館娃之宮 孟姚也 徐廣曰古史考云內其女曰娃○索隱曰孟姚吳廣女舜之後故上文云余思虞舜之勳故命其胄女孟姚以配而七代之孫是也然後封虞在河東太陽山西有上虞城是亦曰吳城虞吳音相近故舜後亦姓吳非獨太伯虞仲之裔 孟姚甚有寵於王是爲

惠后十七年，王出九門（徐廣曰在常山。正義曰本戰國時趙邑戰國策云本有宮室而居趙武靈王改爲九門）爲野臺（徐廣曰野一作望。正義曰括地志云野臺一名義臺在定州樂縣西南六十三里）以望齊中山之境。十八年，秦武王與孟說舉龍文赤鼎，絕臏而死（徐廣曰一作絕臏音工丁反）。趙王使代相趙固迎公子稷於燕，送歸，立爲秦王，是爲昭王。十九年春正月，大朝信宮。召肥義與議天下，五日而畢。王北略中山之地，至於房子（正義曰趙州縣也），遂之代，北至無窮，西至河，登黃華之上（正義曰黃華蓋西河側之山名也）。召樓緩謀曰：「我先王因世之變，以長南藩之地，屬阻漳、滏之險，立長城，又取藺、郭狼，敗

林人（正義曰即林胡也）於荏，而功未遂。今中山在我腹心，北有燕（正義曰地理志云趙分晉北有信都中山又得郡之高陽鄚州鄉東有清河河間又得渤海郡東平舒等七縣在河以北故言北有燕），東有胡（正義曰趙東有瀛州之東北營州之境即東胡烏九之地服虔云東胡烏九之先後爲鮮卑也），西有林胡、樓煩、秦、韓之邊（正義曰林胡樓煩即嵐勝之北也嵐勝以南石州離石藺等七國時趙邑邊也秦隰河也晉洺潞澤等州皆七國時韓地爲並趙西境也），而無彊兵之救，是亡社稷，奈何？夫有高世之名，必有遺俗之累。吾欲胡服。」樓緩曰：「善。」羣臣皆不欲。於是肥義侍，王曰：「簡、襄主之烈，計胡、翟之利。爲人臣者，寵有孝弟長幼順明之節，通有補民益主之業（正義曰寵貴寵也通達理也凡爲人臣有孝弟長幼順明之節制者得貴寵也有補

民益主之功業者爲逹理也此兩者臣之分也今吾欲繼襄主之跡開於胡翟之鄉而卒世不見也正義曰卒子律反盡也言盡世間不見補民益主之忠臣也爲敵弱正義曰我爲胡服敵人必困弱也用力少而功多可以毋盡百姓之勞而序往古之勳正義曰序重也往古謂趙簡子襄子也夫有高世之功者負遺俗之累正義曰負留也言古周公孔子留衣冠禮義之俗今變爲胡服是負留風俗之譴累也有獨智之慮者任驁民之怨正義曰言世有獨計智之思慮者必任隱逸敖慢之民怨望也今吾將胡服騎射以教百姓而世必議寡人柰何肥義曰臣聞疑事無功疑行無名王既定負遺俗之慮殆無顧天下之議矣夫論至德者不和於

俗成大功者不謀於衆昔者舜舞有苗禹袒裸國非以養欲而樂志也務以論德而約功也愚者闇成事智者覩未形則王何疑焉王曰吾不疑胡服也吾恐天下笑我也狂夫之樂智者哀焉愚者所笑賢者察焉世有順我者胡服之功未可知也雖驅世以笑我胡地中山吾必有之於是遂胡服矣使王緤告公子成曰寡人胡服將以朝也亦欲叔服之家聽於親而國聽於君古今之公行也子不反親臣不逆君兄弟之通義也徐廣曰兄弟一作元夷元始也夷平也今寡人作教易服而叔

不服吾恐天下議之也制國有常利民爲本從政有經令行爲上明德先論於賤而行政先信於貴今胡服之意非以養欲而樂志也事有所上而功有所出正義曰鄭玄云上至也爲人君止於仁爲人臣止於敬爲人子止於孝爲人父止於慈與國人交止於信按出猶成也事成功立然後善也今寡人恐叔之逆從政之經以輔叔之議且寡人聞之事利國者行無邪因貴戚者名不累故願慕公叔之義以成胡服之功使緤謁之叔索隱曰絕句請服焉公子成再拜稽首曰臣固聞王之胡服也臣不佞寢疾未能趨走以滋進也王命之臣敢對

因竭其愚忠曰臣聞中國者蓋聰明徇智之所居也徐廣曰五帝本紀云幼而徇齊萬物財用之所聚也賢聖之所教也仁義之所施也詩書禮樂之所用也異敏技能之所試也遠方之所觀赴也蠻夷之所義行也今王舍此而襲遠方之服變古之教易古之道逆人之心而佛學者離中國故臣願王圖之也使者以報王曰吾固聞叔之疾也我將自往請之王遂往之公子成家因自請之曰夫服者所以便用也禮者所以便事也聖人觀鄉而順宜因事而制禮所以利其民而厚其國也

夫翦髮文身錯臂左衽索隱曰錯臂亦文身謂以丹青錯畫其臂孔衍作右臂左衽謂右祖其臂也甌越之民也索隱曰劉氏云今珠崖儋耳謂之甌人是有甌越○正義曰按屬南越故言甌越也輿地志云交阯周時爲駱越秦時曰西甌文身斷髮避龍則西甌駱又在番吾之西南越及甌駱皆芊姓也世本云越芊姓也與楚同祖是也黑齒雕題劉逵曰以草染齒用白作黑鄭玄曰雕文謂刻其肌以青丹涅之却冠秫絀徐廣曰戰國策作秫縫絀亦縫紩之別名也鉥者綦鍼也古字多假借故作秫絀耳此蓋言其女功鍼縷之麤拙也又一本作鮭冠黎緤也大吳之國也故禮服莫同其便一也鄉異而用變事異而禮易是以聖人果可以利其國不一其用果可以便其事不同其禮儒者一師而俗異中國同禮而教離況於山谷之便乎故去就之變智者不能一遠

近之服賢聖不能同窮鄉多異曲學多辨不知而不疑異於己而不非者公焉而衆求盡善也今叔之所言者俗也吾所言者所以制俗也吾國東有河薄洛之水徐廣曰安平經縣西有漳水津名薄洛津○正義曰按安平縣屬定州也與齊中山同之正義曰爾時齊與中山相親中山趙共薄洛水故言與齊中山同之須有舟楫之備無舟楫之用自常山以至代上黨徐廣曰一云自常山以下代上黨以東東有燕東胡之境而西有樓煩秦韓之邊今無騎射之備故寡人無舟楫之用夾水居之民將何以守河薄洛之水變服騎射以備燕三胡秦韓之邊索隱曰林胡樓煩東胡是三胡也且昔者簡主不

塞晉陽以及上黨而襄主并戎取代以攘諸胡此愚智所明也先時中山負齊之彊兵侵暴吾地係累（正義曰上音計下力追反）吾民引水圍鄗微社稷之神靈則鄗幾於不守也先王醜之而怨未能報也今騎射之備近可以便上黨之形而遠可以報中山之怨而叔順中國之俗以逆簡襄之意惡變服之名以忘鄗事之醜非寡人之所望也公子成再拜稽首曰臣愚不達於王之義敢道世俗之聞臣之辠也今王將繼簡襄之意以順先王之志臣敢不聽命乎再拜稽首乃賜胡服明

日服而朝於是始出胡服令也趙文趙造周袑（徐廣曰戰國策作紹袑音紹）趙俊皆諫止王毋胡服如故法便王曰先王不同俗何古之法帝王不相襲何禮之循虙戲神農教而不誅黃帝堯舜誅而不怒及至三王隨時制法因事制禮法度制令各順其宜衣服器械各便其用故禮也不必一道而便國不必古聖人之興也不相襲而王夏殷之衰也不易禮而滅然則反古未可非而循禮未足多也且服奇者志淫則是鄒魯無奇行也（索隱曰按鄒魯好長纓是奇服也服非其志皆淫僻也而有孔門顏冉之屬豈是無奇行哉）俗辟者民易

則是吳越無秀士也索隱曰言方俗僻處山谷而人皆改易不通大化則是吳越無秀士何得有延州來及大夫種之屬哉且聖人利身謂之服便事謂之禮夫進退之節衣服之制者所以齊常民也非所以論賢者也故齊民與俗流賢者與變俱故諺曰以書御者不盡馬之情以古制今者不達事之變循法之功不足以高世法古之學不足以制今子不及也遂胡服招騎射二十年王略中山地至寧葭索隱曰一作蔓葭縣名在中山也西略胡地至楡中正義曰勝州北河北岸也林胡王獻馬歸使樓緩之秦仇液之韓王賁之楚富丁之魏趙爵之齊代相趙

固主胡致其兵二十一年攻中山趙袑爲右軍許鈞爲左軍公子章爲中軍王幷將之牛翦將車騎趙希幷將胡代趙與之陘徐廣曰一作陸又作陘或宜言趙與之陘陘者山絕之名常山有井陘中山有苦陘上黨有閼與。正義曰與音預陘音荆陘山也在幷州陘縣東南十八里然趙希幷將代趙之兵與諸軍向井陘之側共出定州上曲陽縣合軍攻取丹丘華陽鴟上之關合軍曲陽徐廣曰上曲陽在常山下曲陽在鉅鹿。正義曰括地志云上曲陽故城在定州曲陽縣西五里按合軍曲陽即上曲陽也以在常山郡也攻取丹丘正義曰蓋邢州丹丘縣也華陽正義曰括地志云北岳有五別名一曰蘭臺府二曰列女宮三曰華陽臺四曰紫臺五曰太一宮按北岳恒山在定州恒陽縣北百四十里鴟之塞正義曰上旨之反下先代反徐廣曰鴟一作鴻鴻上故關今名汝城在定州唐縣東北六十里本晉鴻上關城也又有鴻上水源出唐縣北葛洪山接北岳恒山與鴻上塞皆在定州然一本作鳴字誤也王軍取鄗石邑（徐廣曰在常山。正義曰括地志云石邑故城在恒州鹿泉縣南三十五里六國時舊邑）封龍（正義曰括地志云封龍山一名飛龍山在恒州鹿泉縣南四十五里邑因山爲名）東垣中山獻四邑和王許之罷兵二十三年攻中山二十五年惠后卒（索隱曰謂武靈王之后前太子章之母惠文王之嫡母也惠后卒後吳娃始當正室至孝成二年稱惠文后卒是也而下文又云吳娃死後娃子何寵衰憐故太子欲兩王之是誤也）使周紹胡服傅王子何二十六年復攻中山攘地北至燕代西至雲中九原二十七年五月戊申大朝於東宮傳國立王子何以爲王王廟見禮畢出臨朝大夫悉爲臣肥義爲相國幷傅王是爲惠文王惠文王惠后吳娃子也武靈王自號爲主父主父欲令子主治國而身胡服將士大夫西北略胡地而欲從雲中九原直南襲秦於是詐自爲使者入秦秦昭王不知已而怪其狀甚偉非人臣之度使人逐之而主父馳已脫關矣審問之乃主父也秦人大驚主父所以入秦者欲自略地形因觀秦王之爲人也惠文王（徐廣曰元年以公子勝爲相封平原）二年主父行新地遂出代西遇樓煩王於西河而致其兵三年滅中山遷其王於膚施（徐廣曰在上郡○正義曰今延州膚施縣也）起靈壽（徐廣曰在常山）北地方從代道大通還歸行賞大赦置酒酺五日封長子章爲代

安陽君正義曰括地志云東安陽故城在朔州定襄縣界地理志云東安陽縣屬代郡章素侈
心不服其弟所立主父又使田不禮相章也李
兌謂肥義曰公子章彊壯而志驕黨眾而欲大
殆有私乎田不禮之爲人也忍殺而驕二人相
得必有謀陰賊起一出身徼幸夫小人有欲輕
慮淺謀徒見其利而不顧其害同類相推俱入
禍門以吾觀之必不久矣子任重而勢大亂之
所始禍之所集也子必先患仁者愛萬物而智
者備禍於未形不仁不智何以爲國子奚不稱
疾毋出傳政於公子成毋爲怨府毋爲禍梯肥

義曰不可昔者主父以王屬義也曰毋變而度
毋異而慮堅守一心以歿而世義再拜受命而
籍之今畏不禮之難而忘吾籍變孰大焉進受
嚴命退而不全負孰甚焉變負之臣不容於刑
諺曰死者復生生者不愧正義曰肥義報李兌云必盡傳何爲王不可懼章及
田不禮而生異心使死者復更生并見在生者並見傳王無變令我不愧之若荀息也吾言已在
前矣吾欲全吾言安得全吾身且夫貞臣也難
至而節見忠臣也累至而行明子則有賜而忠
我矣雖然吾有語在前者也終不敢失李兌曰
諾子勉之矣吾見子已今年耳涕泣而出李兌

數見公子成以備田不禮之事異日肥義謂信期曰索隱曰卽下文高信也○正義曰上音申也公子與田不禮甚可憂也其於義也聲善而實惡此爲人也不子不臣吾聞之也姦臣在朝國之殘也讒臣在中主之蠹也此人貪而欲大內得主而外爲暴矯令爲慢以擅一旦之命不難爲也禍且逮國今吾憂之夜而忘寐飢而忘食盜賊出入不可不備自今以來若有召王者必見吾面我將先以身當之無故而王乃入信期曰善哉吾得聞此也四年朝羣臣安陽君亦來朝主父令王聽朝而

自從旁觀窺羣臣宗室之禮見其長子章傫然也反北面爲臣詘於其弟心憐之於是乃欲分趙而王章於代計未決而輟主父及王游沙丘異宮正義曰在邢州平鄉縣東北二十里也公子章卽以其徒與田不禮作亂詐以主父令召王肥義先入殺之高信卽與王戰公子成與李兌自國至乃起四邑之兵入距難殺公子章及田不禮滅其黨賊而定王室公子成爲相號安平君李兌爲司寇公子章之敗往走主父主父開之索隱曰開謂開門而納之俗本亦作閒字者非也譙周及孔衍皆作閉之閉謂藏也○正義曰謂不責其反叛之罪容其入宮藏也成兌因圍主

父宮公子章死公子成李兌謀曰以章故圍主父即解兵吾屬夷矣乃遂圍主父令宮中人後出者夷宮中人悉出主父欲出不得又不得食探爵鷇而食之（綦毋邃曰鷇爵子也○索隱曰生受哺者謂之鷇）三月餘而餓死沙丘宮（應劭曰武靈王葬代郡靈丘縣○正義曰括地志云趙武靈王墓在蔚州靈丘縣東三十里應說是也）主父定死乃發喪赴諸侯是時王少成兌專政畏誅故圍主父主父初以長子章為太子後得吳娃愛之為不出者數歲生子何乃廢太子章而立何為王吳娃死愛弛憐故太子欲兩王之猶豫未決故亂起以至父子俱死為天

下笑豈不痛乎（徐廣曰或無此十四字）主父死惠文王立立五年與燕鄚易（徐廣曰皆屬涿郡鄚音莫）八年城南行唐（徐廣曰在常山○正義曰行寒庚反括地志云行唐縣屬冀州為南行唐縣城）九年趙梁將與齊合軍攻韓至魯關下（正義曰劉伯莊云蓋在南河魯陽關按汝州魯山縣古穀陽縣）及十年秦自置為西帝十一年董叔與魏氏伐宋得河陽於魏秦取梗陽（杜預曰太原晉陽縣南梗陽城也○索隱曰地理志云太原榆次有梗陽鄉與杜預所據小別也○正義曰括地志云梗陽故城在并州清源縣南百二十步分晉陽縣置本漢榆次縣地春秋晉大夫祁氏邑也）十二年趙梁將攻齊十三年韓徐為將攻齊公主死（索隱曰蓋吳娃女惠文王之姝）十四年相國樂毅將趙秦韓魏燕攻齊取靈丘（索隱曰年表及韓魏等系家五國攻

與秦會中陽（齊在明年然此下文十五年重擊齊是此文爲得蓋此年同伐齊耳○正義曰蔚丘縣也）（正義曰括地志云中陽故縣在汾州偃城縣南十里漢中陽縣也）十五年燕昭王來見趙與韓魏秦共擊齊齊王敗走燕獨深入取臨菑十六年秦復與趙數擊齊齊人患之蘇厲爲齊遺趙王書曰臣聞古之賢君其德行非布於海內也教順非洽於民人也祭祀時享非數常於鬼神也甘露降時雨至年穀豐孰民不疾疫衆人善之然而賢主圖之今足下之賢行功力非數加於秦也怨毒積怒非素深於齊也秦趙與國以彊徵兵於韓秦誠愛趙乎其實憎齊乎物

之甚者賢主察之秦非愛趙而憎齊也欲亡韓而吞二周故以齊餤天下恐事之不合故出兵以劫魏趙恐天下畏己也故出質以爲信恐天下亟反也故徵兵於韓以威之聲以德與國實而伐空韓（索隱曰與國趙也秦趙今爲與國秦徵兵於韓共趙伐齊以威聲和趙是以德與國也）臣以秦計爲必出於此夫物固有勢異而患同者楚久伐而中山亡今齊久伐而韓必亡破齊王與六國分其利也亡韓秦獨擅之收二周西取祭器秦獨私之賦田計功王之獲利孰與秦多說士之計曰韓亡三川（正義曰河南之地兩川之閒）魏亡晉國

（正義曰河北之地安邑河內）市朝未變而禍已及矣燕盡齊之北地去沙丘鉅鹿斂三百里（正義曰沙丘邢州也鉅鹿冀州也齊北界貝州也斂減也言破齊滅韓之後燕之南界秦之東界相去減三百里趙國在中間也矣）韓之上黨去邯鄲百里燕秦謀王之河山間三百里而通矣秦之上郡（正義曰鄜延等州也）近挺關至於榆中者千五百里秦以三郡攻王之上黨（正義曰秦上黨郡今澤潞儀沁等四州之地兼相州之半韓總有之至七國時趙得儀沁二州之地韓猶有潞州及澤州之半半屬趙魏沁州在羊腸坂之西儀并代三州在勾注山之南秦以三郡攻趙之澤潞則勾注之南趙無地然秦始皇置上黨郡此言之者太史公却引前書也他皆倣此）羊腸之西（正義曰太行山坂道名南屬懷州北屬澤州）勾注之南（正義曰勾注山在代州西北也）非王有已踰勾注斬常山而守之三百里而通於燕代馬胡犬不東下（正義曰言秦踰勾注山斬常山而守之西北代馬胡犬不東入趙沙州崑山之玉亦不出至趙矣郭璞云胡地野犬似狐而小）崑山之玉不出此三寶者亦非王有已王久伐齊從彊秦攻韓其禍必至於此願王孰慮之且齊之所以伐者以事王也（正義曰以趙王爲事也而秦必伐之也）天下屬行以謀王也（正義曰上音燭下胡郎反言秦欲令齊稱帝與約五國共滅趙三分趙地）燕秦之約成而兵出有日矣五國三分王之地（正義曰謂秦齊韓魏燕三分趙之地也）齊倍五國之約而殉王之患（正義曰齊王以身從趙王之患也）西兵以禁彊秦秦廢帝請服（正義曰言秦齊相約欲更重稱帝故言廢帝也）反高平根柔於魏（徐廣曰紀年云魏哀王四年改陽曰河雍向曰高平根柔一作摠柔一作平柔○正

義曰返還也括地志云高平故城在懷州河陽縣西四十里紀年云魏哀王改向曰高平也根柔未詳兩邑魏地也反
巠分徐廣曰一作王公巠音胡鼎反先俞於趙徐廣曰爾雅曰西俞鴈門是也○正義曰巠音
邢分字誤當作山字耳括地志云勾注山一名西陘山在代州鴈門縣西北四十里俞音戍郭注云西俞即鴈門山也按
西先聲相近蓋陘山西俞二山之地並在代州鴈門縣皆趙地也齊之事王宜爲上佼
索隱曰佼猶行也而今乃抵皐正義曰謂共秦伐齊也臣恐天下後事
王者之不敢自必也願王孰計之也今王毋與
天下攻齊天下必以王爲義齊抱社稷而厚事
王天下必盡重王義王以天下善秦秦暴王以
天下禁之是一世之名寵制於王也於是趙乃
輟謝秦不擊齊王與燕王遇廉頗將攻齊昔陽

正義曰括地志云昔陽故城一名陽城在幷州樂平縣東春秋釋地名云昔陽肥國所都也樂平城治縣東昔陽城肥白
狄別種也樂平縣城漢治縣城也取之杜預曰樂平治縣有昔陽城十七年樂毅
將趙師攻魏伯陽正義曰括地志云伯陽故城一名邯會城在相州鄴縣西五十五里七國
時魏邑漢邯會城而秦怨趙不與己擊齊伐趙拔我兩城
十八年秦拔我石城正義曰地理志云右北平有石城縣括地志云石城在相州林慮縣
西南九十里疑相州石城是王再之衛東陽決河水正義曰括地志云東陽故
城在貝州歷亭縣界按東陽先屬衛今屬趙河歷貝州南東北流過河南岸即魏地也故言王再之衛東陽伐魏氏
也伐魏氏大潦漳水出魏冄來相趙十九年秦
敗我二城趙與魏伯陽趙奢將攻齊麥丘取之
二十年廉頗將攻齊王與秦昭王遇西河外徐廣

曰年表云與秦會澠池二十一年趙徙漳水武平西正義曰括地志云武平亭今名渭城在瀛州文安縣北七十二里按二十七年又徙漳水武平南二十二年大疫置公子丹爲太子二十三年樓昌將攻魏幾正義曰音祈傳云伐齊幾拔之又戰國策云秦敗閼與及攻魏幾按幾邑或屬齊或屬魏當在相潞之閒也不能取十二月廉頗將攻幾取之二十四年廉頗將攻魏房子徐廣曰屬常山拔之因城而還又攻安陽取之二十五年燕周將攻昌徐廣曰屬齊郡。索隱曰燕周趙人爲趙將。正義曰括地志云故昌城在淄州淄川縣東北四十里也城高唐取之與魏共擊秦秦將白起破我華陽正義曰括地志云故華陽城在鄭州管城縣南四十里司馬彪云華陽亭在今洛州密縣是時魏韓趙聚兵於華陽西攻秦得一將軍二十六年取

東胡正義曰今營州也歐代地索隱曰蓋東胡叛趙驅略代地人衆以叛故取之也二十七年徙漳水武平南封趙豹爲平陽君戰國策曰趙豹平陽君惠文王母弟河水出大潦二十八年藺相如伐齊至平邑正義曰括地志云平邑故城在魏州昌樂縣東北四十里也罷城北九門大城正義曰恒州九門縣城燕將成安君公孫操弒其王徐廣曰年表云是燕武成王元年。索隱曰樂資云其王卽惠王二十九年秦韓相攻而圍閼與正義曰上於連反下音預括地志云閼與聚落今名烏蘇城在潞州銅鞮縣西北二十里又儀州和順縣城亦云韓閼與邑二所未詳又有閼與山在洛州武安縣西五十里蓋是也趙使趙奢將擊秦大破秦軍閼與下賜號爲馬服君正義曰因馬服山爲號也虞喜志林云馬兵之首也號曰馬服者言能服馬也括地志云馬服山邯鄲縣西北十里也三十三年

惠文王卒太子丹立是爲孝成王孝成王元年徐廣曰平原君相也秦伐我拔三城趙王新立太后用事秦正義曰長安君者以長安善故名也急攻之趙氏求救於齊齊曰必以長安君爲質兵乃出索隱曰孔衍云長安君惠文后之少子也趙亦有長安今其地闕太后不肯大臣彊諫太后明謂左右曰復言長安君爲質者老婦必唾其面左師觸龍言願見太后太后盛氣而胥之入胥猶須也穀梁傳曰胥其出也徐趨而坐自謝曰老臣病足曾不能疾走不得見久矣竊自恕而恐太后體之有所苦也故願望見太后太后曰老婦恃輦而行索隱曰東皙云趙惠文王子何者吳廣之甥娃嬴之子也如系家計之則武靈王十六年夢吳娃而納之至二十七年王薨死及惠文王三十二年卒孝成王元年遣長安君質於齊若娃年二十入王宮至此在六十左側亦可稱老矣而東廣微言太后纔三十有奇者誤也曰食得毋衰乎曰恃粥耳曰老臣閒者殊不欲食乃彊步日三四里少益嗜食和於身也太后曰老婦不能太后不和之色少解左師公曰老臣賤息舒祺最少不肖而臣衰竊憐愛之願得補黑衣之缺以衛王宮昧死以聞太后曰敬諾年幾何矣對曰十五歲矣雖少願及未填溝壑而託之太后曰丈夫亦愛憐少子乎對曰甚於婦人太后笑曰婦人異甚對曰老臣竊以爲媼之愛燕

后賢於長安君太后曰君過矣不若長安君之甚左師公曰父母愛子則爲之計深遠媼之送燕后也持其踵爲之泣念其遠也亦哀之矣已行非不思也祭祀則祝之曰必勿使反豈非計長久爲子孫相繼爲王也哉太后曰然左師公曰今三世以前至於趙主之子孫爲侯者其繼有在者乎曰無有曰微獨趙諸侯有在者乎曰老婦不聞也曰此其近者禍及其身遠者及其子孫豈人主之子侯則不善哉位尊而無功奉厚而無勞而挾重器多也今媼尊長安君之位

而封之以膏腴之地多與之重器而不及今令有功於國一旦山陵崩長安君何以自託於趙老臣以媼爲長安君之計短也故以爲愛之不若燕后太后曰諾恣君之所使之於是爲長安君約車百乘質於齊齊兵乃出子義聞之索隱曰子義趙之賢人曰人主之子骨肉之親也猶不能持無功之尊無勞之奉而守金玉之重也而況於予乎齊安平君正義曰括地志云安平城在青州臨海縣東十九里古紀之酅邑也田單將趙師而攻燕中陽徐廣曰一作人○正義曰燕無中陽括地志云中山故城一名中人亭在定州唐縣東北四十一里亦時屬燕國也拔之又攻韓注人正義曰邑名也括地志云注城在汝

州梁縣西十五里蓋是其地也拔之二年惠文后卒田單爲相四年王夢衣偏裻之衣正義曰杜預云偏左右異色裻在中左右異故曰偏按裻衣背縫也乘飛龍上天不至而墜見金玉之積如山明日王召筮史敢占之曰夢衣偏裻之衣者殘也乘飛龍上天不至而墜者有氣而無實也見金玉之積如山者憂也後三日韓氏上黨守馮亭使者至曰韓不能守上黨入之於秦其吏民皆安爲趙不欲爲秦有城市邑十七願再拜入之趙財王所以賜吏民王大喜召平陽君豹告之曰馮亭入城市邑十七受之何如對曰聖人甚禍

無故之利王曰人懷吾德何謂無故乎對曰夫秦蠶食韓氏地中絕不令相通固自以爲坐而受上黨之地也韓氏所以不入於秦者欲嫁其禍於趙也秦服其勞而趙受其利雖彊大不能得之於小弱小弱顧能得之於彊大乎豈可謂非無故之利哉且夫秦以牛田之徐廣曰一無此字○正義曰秦蠶食韓氏國中斷不通夫牛耕田種穀至秋則收之成熟之義也言秦伐韓上黨勝有日矣若牛田之必冀收穫矣水通糧正義曰秦從渭水漕糧東入河洛軍擊韓上黨也蠶食上乘倍戰者正義曰乘承證反蠶食桑葉漸進必盡也司馬法云百畝爲夫夫三爲屋屋三爲井井十爲通通十爲成成出革車一乘七十二人也上乘天下第一也倍戰力攻也韓國四戰之地軍士慣習倍於餘國裂上國之

地正義曰上國秦地也言韓上黨之地以列爲秦國之地其政已行趙不可與秦作難必莫受馮亭十七邑也其政行不可與爲難必勿受也王曰今發百萬之軍而攻踰年歷歲未得一城也今以城市邑十七幣吾國正義曰馮亭將十七邑入趙若幣帛之見遺此大利也此大利也趙豹出王召平陵君與趙禹而告之對曰發百萬之軍而攻踰歲未得一城今坐受城市邑十七此大利不可失也王曰善乃令趙勝受地告馮亭曰敝國使者臣勝敝國君使勝致命以萬戶都三封太守正義曰爾時未合言太守至漢景帝始加太守此言太衍字也千戶都三封縣令皆世世爲侯吏民皆益爵三級吏

民能相安皆賜之六金馮亭垂涕不見使者曰吾不處三不義也爲主守地不能死固不義一矣入之秦不聽王令不義二矣賣主地而食之不義三矣趙遂發兵取上黨漢書馮奉世傳曰趙封馮亭爲華陵君與趙將括距秦戰死於長平宗族由是分散或在趙在趙者爲官師將官師將子爲代相及秦滅六國而馮亭之後馮無擇馮去疾馮劫皆爲秦將相焉漢興馮唐即代相之子也上黨記云馮亭冢在壺關城西五里廉頗將軍軍長平正義曰括地志云長平故城在澤州高平縣西二十一里即白起敗括於長平處七年廉頗免而趙括代將秦人圍趙括趙括以軍降卒四十餘萬皆阬之王悔不聽趙豹之計故有長平之禍焉王還不聽秦秦圍邯鄲徐廣曰在九年武垣

令徐廣曰河間有武垣縣本屬涿郡。正義曰括地志云武垣故城今瀛州城是也傅豹王容蘇射率燕衆反燕地正義曰武垣此時屬趙與燕接境故云率燕衆反燕地也趙以靈丘正義曰括地志云靈丘蔚州理縣也封楚相春申君八年平原君如楚請救還楚來救及魏公子無忌亦來救正義曰魏公子傳云趙王以鄗爲公子湯沐邑年表云九年公子無忌救邯鄲圍在九年其文錯誤耳秦圍邯鄲乃解十年燕攻昌壯徐廣曰一作社。正義曰壯字誤當作城括地志云昌城故城在冀州信都縣西北五里此時屬趙故攻之也五月拔之趙將樂乘慶舍攻秦信梁軍破之徐廣曰年表云新中軍也。索隱曰信梁秦將也。正義曰信梁蓋王齕号也秦本紀云昭襄王五十年王齕從唐拔寧新中寧新中更名安陽今相州理縣也年表云韓魏楚救趙新中軍秦兵罷是也太子死徐廣曰是年周赧王卒或者太子云天子乎。索隱曰趙太子也史失名而

秦攻西周拔之徒父祺出索隱曰徒父趙大夫名祺。正義曰趙見秦拔西周故令徒父旗將兵出境也十一年城元氏地理志常山有元氏縣。正義曰元氏趙州縣也縣上原武陽君鄭安平死徐廣曰故秦將降趙也收其地十二年邯鄲廥燒徐廣曰廥廄之名音膾也。索隱曰廥積芻藁之處爲火所燒也十四年平原君趙勝死索隱曰年表在十五年十五年以尉文封相國廉頗爲信平君索隱曰尉文蓋地名或曰尉官文名謂以尉文所食之地以封廉頗也古文質略文省耳。正義曰尉文蓋蔚州地也信平廉頗号也言篤信而平和也燕王令丞相栗腹約驩以五百金爲趙王酒還歸報燕王曰趙氏壯者皆死長平其孤未壯可伐也王召昌國君樂閒而問之對曰趙四戰之國也其民習

兵伐之不可王曰吾以衆伐寡二而伐一可乎對曰不可王曰吾即以五而伐一可乎對曰不可燕王大怒羣臣皆以爲可燕卒起二軍車二千乘栗腹將而攻鄗卿秦將而攻代索隱曰二人皆燕將姓名廉頗爲趙將破殺栗腹虜卿秦樂閒正義曰三人皆燕將姓也十六年廉頗圍燕以樂乘爲武襄君正義曰襄舉也上也言樂乘功最高也十七年假相大將武襄君攻燕圍其國十八年延陵鈞徐廣曰代郡有延陵縣率師從相國信平君助魏攻燕秦拔我榆次徐廣曰在太原三十七城十九年趙與燕易土索隱曰音亦謂與燕換易縣也以龍兌正義曰括地志云北新城故城

在易州南遂城縣西南二十里按遂城縣西南二十五里有龍山邢子勵趙記云龍山有四麓各有一穴大如車輪春風出東秋風出西夏風出南冬風出北不相奪倫按蓋謂龍兌也汾門徐廣曰在北新城。正義曰括地志云易州永樂縣有徐水出廣昌嶺三源奇發同瀉一澗流至北平縣東南歷石門中俗謂之龍門水經其間奔激南出觸石成井蓋汾字誤也遂城及永樂北新城縣地也臨樂徐廣曰方城有臨御。正義曰括地志云臨御故城在幽州同安六十七里也與燕燕以葛武陽徐廣曰葛城在高陽。正義曰括地志云故葛城又名西河城在瀛州高陽縣西北五十里平舒徐廣曰在代郡。正義曰括地志云平舒故城在蔚州靈丘縣北九十三里也與趙二十年秦王政初立秦拔我晉陽二十一年孝成王卒廉頗將攻繁陽徐廣曰在頓丘。正義曰括地志云繁陽故城在相州內黃縣東北二十七里應劭云繁水之北故曰繁陽也取之使樂乘代之廉頗攻樂乘樂乘走廉頗亡入魏子偃立是為悼襄王悼襄王元年大備徐廣曰一作脩○正義曰行大備之禮也魏欲通平邑中牟之道不成正義曰平邑在魏州昌樂縣東北三十里相州汾陰縣西五十八里有牟山按中牟山之側時二邑皆屬魏欲渡黃河作道相通遂不成也二年李牧將攻燕拔武遂方城徐廣曰武遂屬安平○正義曰括地志云易州遂城戰國時武遂城也方城故在幽州固安縣南十七里時二邑屬燕趙使李牧拔之也秦召春平君因而留之泄鈞正義曰人姓名也為之謂文信侯曰春平君者趙王甚愛之而郎中妬之故相與謀曰春平君入秦秦必留之故相與謀而內之秦也今君留之是絕趙而郎中之計中也君不如遣春平君而留平都正義曰輿地里志云平都縣在新興郡與周陽縣相近春平君者

言行信於王王必厚割趙而贖平都文信侯曰善因遣之徐廣曰年表云太子從質秦歸○正義曰按太子即春平君也城韓皋三年龐煖將攻燕禽其將劇辛四年龐煖將趙楚魏燕之銳師攻秦蕞徐廣曰在新豐不拔移攻齊取饒安徐廣曰在勃海又云饒屬北海安屬平原○正義曰饒安滄州縣也七國時屬齊戰國時屬趙五年傅抵正義曰上音付下音邸趙將姓名將居平邑慶舍將東陽正義曰屬貝州在河北岸也河外師守河梁正義曰河外阿南岸魏州地也河梁橋也六年封長安君以饒正義曰即饒陽也瀛州饒陽縣東二十里饒陽故城漢縣也明長安縣是號也魏與趙鄚九年趙攻燕取貍陽城正義曰按燕無貍陽疑貍字誤當作漁陽故城在檀州密雲縣南十八里燕漁陽郡城也按趙東界至瀛州則檀州在北趙攻燕取漁陽城也兵

末罷秦攻鄴拔之徐廣曰今饒陽在河間又年表曰拔閼與鄴九城悼襄王卒子幽繆王遷立幽繆王遷元年徐廣曰又云湣王世本云孝成王丹生悼襄王偃偃生今王遷年表及史考趙遷皆無諡○索隱曰徐廣云王遷無諡今唯此獨稱幽繆王者蓋秦滅趙之後人臣竊追諡之太史公或别有所見而記也城柏人二年秦攻武城徐廣曰年表云秦敗我平陽扈輒率師救之軍敗死焉三年秦攻赤麗宜安正義曰括地志云宜安故城在恒州槀城縣西南二十里也李牧率師與戰肥下正義曰括地志云肥纍故城在恒州槀城縣西七里春秋時肥子國白狄别種也却之封牧爲武安君四年秦攻番吾正義曰上音婆又音盤又作蒲括地志云蒲吾城在恒州房山縣東二十里也李牧與之戰却之五年代地大動自樂徐以西徐廣曰一作除北至平陰正義曰樂徐在晉州平陰在汾也

臺屋墻垣太半壞地坼東西百三十步正義曰其坼溝見在亦在晉汾二州界也六年大飢民謠言曰趙爲號秦爲笑以爲不信視地之生毛七年秦人攻趙趙大將李牧將軍司馬尚將擊之李牧誅司馬尚免趙忽及齊將顏聚代之趙忽軍破顏聚亡去以王遷降正義曰淮南子云趙王遷流於房陵思故鄉則爲作山木之謳聞之者莫不殞涕括地志云趙王遷墓在房州房陵縣西九里也八年十月邯鄲爲秦淮南子曰趙王遷流於房陵思故鄉作爲山木之謳聞之者莫不流涕

太史公曰吾聞馮王孫曰趙王遷其母倡也徐廣曰列女傳曰邯鄲之倡嬖於悼襄王悼襄王廢適子嘉而立

遷遷素無行信讒故誅其良將李牧用郭開豈不謬哉秦既虜遷趙之亡大夫共立嘉爲王王代六歲秦進兵破嘉遂滅趙以爲郡

索隱述贊曰

趙氏之世　與秦同祖　周穆平徐
乃封造父　帶始事晉　夙初有土
岸賈矯誅　韓厥立武　寶符臨代
卒居伯魯　簡夢翟犬　靈歌娃女
胡服雖彊　建立非所　頗牧不用
王遷囚虜

趙世家第十三　史記四十三

魏世家第十四　史記四十四

魏之先畢公高之後也畢公高與周同姓［索隱曰左傳富辰說文王之子十六國有畢原豐郇言畢公是文王之子此云與周同姓似不用左氏之說馬融亦云畢毛文王庶子］武王之伐紂而高封於畢［○杜預曰畢在長安縣西北 正義曰括地志云畢原在雍州萬年縣西南二十八里］於是爲畢姓其後絕封爲庶人或在中國或在夷狄其苗裔曰畢萬事晉獻公獻公之十六年趙夙爲御畢萬爲右以伐霍耿魏滅之以耿封趙夙以魏封畢萬［正義曰魏城在陝州芮城縣北五里鄭玄詩譜云魏姬姓之國武王伐紂而封焉］爲大夫卜偃曰［索隱曰晉掌卜大夫郭偃也］畢萬之後必大矣萬滿數也魏大名也以是始賞天

開之矣天子曰兆民諸侯曰萬民今命之大以從滿數其必有衆初畢萬卜事晉遇屯之比辛廖占之曰吉屯固比入吉孰大焉其必蕃昌畢萬封十一年晉獻公卒四子爭更立晉亂而畢萬之世彌大從其國名爲魏氏生武子［索隱曰左傳武子名犨系本云畢萬生芒季芒季生武仲州州與犨聲相近字因以異代亦不同］魏武子以魏諸子事晉公子重耳晉獻公之二十一年武子從重耳出亡十九年反重耳立爲晉文公而令魏武子襲魏氏之後封列爲大夫治於魏生悼子魏悼子徙治霍［索隱曰系本云武仲生莊子絳無悼子又系本居篇曰魏武子居魏悼子徙霍］

宋忠曰霍地名今河東彘縣也則是有悼子系本卿大夫代自脫耳然魏今河北魏縣是也○正義曰晉州霍邑縣漢彘縣也後漢改曰永安隋改曰霍邑本春秋時霍伯國也生魏絳魏絳事晉悼公悼公三年會諸侯悼公弟楊干亂行魏絳僇辱楊干索隱曰左傳云僇楊干之僕悼公怒曰合諸侯以為榮今辱吾弟將誅魏絳或說悼公悼公止卒任魏絳政使和戎翟戎翟親附悼公之十一年曰自吾用魏絳八年之中九合諸侯戎翟和子之力也賜之樂三讓然後受之徙治安邑正義曰安邑在絳州夏縣安邑故城是魏絳卒謚為昭子徐廣曰世本曰莊子○索隱曰系本錯也居篇又曰昭子徙安邑亦與此文同生魏嬴嬴生魏獻子索隱曰系本云獻子名荼荼莊子之子無魏嬴也

獻子事晉昭公昭公卒而六卿彊公室卑晉頃公之十二年韓宣子老魏獻子為國政晉宗室祁氏羊舌氏相惡六卿誅之盡取其邑為十縣六卿各令其子為之大夫獻子與趙簡子中行文子范獻子並為晉卿索隱曰簡子趙鞅文子荀寅獻子范吉射其後十四歲而孔子相魯後四歲趙簡子以晉陽之亂也而與韓魏共攻范中行氏魏獻子生魏侈索隱曰侈他本亦作哆盖哆字誤而代數錯也系本獻子生簡子取取生襄子多而左傳云魏曼多是也則侈是襄子中間少簡子一代魏侈與趙鞅共攻范中行氏魏侈之孫曰魏桓子索隱曰系本云襄子生桓子駒與韓康子趙襄子共伐滅

知伯（正義曰知音智括地志云故智城在蒲州虞鄉縣西北四十里古今地名云解縣有智城蓋謂此也）分其地（索隱曰康子名虎襄子名無恤智伯知瑤也本姓荀亦曰荀瑤）桓子之孫曰文侯都（徐廣曰世本云斯也。索隱曰系本桓子生文侯斯其傳云孺子傎是魏駒之子與此系代亦不同也）魏文侯元年秦靈公之元年也與韓武子趙桓子周威王同時（索隱曰系本武子名啓章康子之子桓子名嘉襄子之子）六年城少梁十三年使子擊圍繁龐出其民十六年伐秦築臨晉元里十七年伐中山使子擊守之趙倉唐傅之子擊逢文侯之師田子方於朝歌引車避下謁田子方不為禮子擊因問曰富貴者驕人乎且貧賤者驕人乎子方曰亦貧賤者驕人耳夫諸侯而驕人則失其國大夫而驕人則失其家貧賤者行不合言不用則去之楚越若脫躧然奈何其同之哉子擊不懌而去西攻秦至鄭而還築雒陰合陽（正義曰雒漆沮水也城在水南郃陽郃水之北括地志云郃陽故城在同州河西縣南三里雒陰在同州西也）二十二年魏趙韓列為諸侯二十四年秦伐我至陽狐（正義曰括地志云陽狐郭在魏州元城縣東北三十里也）二十五年子擊生子罃（索隱曰罃音乙耕反擊武侯名）文侯受子夏經藝客段干木過其閭未嘗不軾也（正義曰過先臥反文侯軾干木閭也皇甫謐高士傳云木晉人也守道不仕魏文侯欲見造其門干木踰牆避之文侯以客禮待之出過其閭而軾其僕曰君何軾曰段干木賢者也不趣勢利懷君子之道隱處窮巷聲馳千里吾安得勿軾干木先乎德寡人先乎勢干木富

魏世家

乎義寡人富乎財勢不若德貴財不若義高又請為相不肯後卑己固請見與語文侯立倦不敢息淮南子云段干木晉之大駔而為文侯師呂氏春秋云魏文侯見段干木立倦而不敢息及見翟璜踞於堂而與之言翟璜不悅文侯曰段干木官之則不肯祿之則不受今汝欲官則相至欲祿則上卿至既受吾賞又責吾禮無乃難乎秦嘗欲伐魏或曰魏君賢人是禮國人稱仁上下和合未可圖也文侯由此得譽於諸侯任西門豹守鄴而河內稱治索隱曰大河在鄴東故名鄴為河內。正義曰古帝王之都多在河東河北故呼河北為河內河南為河外又云河從龍門南至華陰東至衛州即東北入海曲繞冀州故言河內云也魏文侯謂李克曰先生嘗教寡人曰家貧則思良妻國亂則思良相今所置非成則璜徐廣曰文侯弟名成二子何如李克對曰臣聞之卑不謀尊疏不謀戚臣在闕

門之外不敢當命文侯曰先生臨事勿讓李克曰君不察故也居視其所親富視其所與達視其所舉窮視其所不為貧視其所不取五者足以定之矣何待克哉文侯曰先生就舍寡人之相定矣李克趨而出過翟璜之家翟璜曰今者聞君召先生而卜相果誰為之李克曰魏成子為相矣翟璜忿然作色曰以耳目之所覩記臣何負於魏成子西河之守臣之所進也君內以鄴為憂臣進西門豹君謀欲伐中山臣進樂羊中山已拔無使守之臣進先生君之子無傅臣

進屈侯鮒臣何以貸於魏成子李克曰且子之言克於子之君者豈將比周以求大官哉君問而置相非成則璜二子何如克對曰君不察故也居視其所親富視其所與達視其所舉窮視其所不爲貧視其所不取五者足以定之矣何待克哉是以知魏成子之爲相也且子安得與魏成子比乎魏成子以食祿千鍾什九在外什一在內是以東得卜子夏田子方段干木此三人者君皆師之子之所進五人者君皆臣之子惡得與魏成子比也翟璜逡巡再拜曰璜鄙人

也失對願卒爲弟子二十六年虢山崩壅河徐廣曰在陝　駰案地理志曰弘農陝縣故虢國北虢在太陽東虢在滎陽。正義曰括地志云虢山在陝州陝縣西二里臨黃河今臨河有崗阜似是穨山之餘也三十二年伐鄭城酸棗敗秦于注司馬彪曰河南梁縣有注城也。正義曰括地志云注城在汝州梁縣西十五里注或作鑄也三十五年齊伐取我襄陵徐廣曰今在南平陽縣也三十六年秦侵我陰晉徐廣曰今之華陰。索隱曰年表作齊侵陰晉秦本紀云惠王六年魏納陰晉更名曰寧秦徐氏云今之華陰也三十八年伐秦敗我武下正義曰括地志云故武城一名武之平城在華州鄭縣東十三里得其將識索隱曰識將名也武下魏地是歲文侯卒索隱曰紀年云五十年卒子擊立是爲武侯魏武侯元年趙敬侯初立索隱曰紀年云魏武侯元年當趙烈侯之十四年不同也又系本敬侯名章公子朔爲亂不

勝奔魏與魏龍賈邯鄲魏敗而去二年城安邑王
垣徐廣曰垣縣有王垣山也。索隱曰紀年十一年城洛陽及安邑王垣徐廣云垣縣有王垣山故曰王垣。正義曰
括地志云故城漢垣縣本魏王垣也在絳州垣縣西北二十里也七年伐齊至桑丘正義
曰年表云齊伐燕取桑丘故魏救燕伐齊至桑丘也括地志云桑丘故城俗名敬城在易州遂城縣界也九年
翟敗我于澮索隱曰澮音古外反于澮於澮水之側。正義曰括地志云澮高山又云澮山在絳州翼
城縣東北二十里澮水出此山也使吳起伐齊至靈丘正義曰靈丘蔚州縣也時屬齊
故三晉伐之也齊威王初立索隱曰按紀年齊幽公之十八年而威王立十一年與
韓趙三分晉地滅其後十三年秦獻公縣櫟陽
十五年敗趙北藺正義曰在石州趙之西北屬趙故云趙北藺也十六年伐
楚取魯陽正義曰今汝州魯山縣也武侯卒索隱曰紀年云武侯二十六年卒子罃

立是為惠王惠王元年初武侯卒也子罃與公
中緩正義曰中音仲爭為太子公孫頎自宋入趙索隱曰頎音祁紀年
云武侯元年封公子緩趙侯種韓懿侯伐我取蔡而惠成王伐趙圍濁陽七年公子緩如邯鄲以作難是說此事也自
趙入韓謂韓懿侯曰索隱曰懿侯哀侯之子魏罃與公中緩
爭為太子君亦聞之乎今魏罃得王錯徐廣曰汲冢紀年惠
王二年魏大夫王錯出奔韓也挾上黨固半國也因而除之徐廣曰除一作
倍。正義曰按除除魏罃及王錯也破魏必矣不可失也懿侯說乃與
趙成侯合軍并兵以伐魏戰于濁澤徐廣曰長社有濁澤。索
隱曰系本云成侯名種魏氏大敗魏君為趙謂韓曰除魏君
立公中緩割地而退我且利韓曰不可殺魏君

人必曰慕割地而退人必曰貪不如兩分之魏
分為兩不彊於宋衛則我終無魏之患矣趙不
聽韓不說以其少卒夜去惠王之所以身不死
國不分者二家謀不和也若從一家之謀則魏
必分矣故曰君終無適子其國可破也索隱曰此蓋古人之
言及俗說故云故曰二年魏敗韓于馬陵敗趙于懷三年齊
敗我觀徐廣曰齊世家云獻觀以和齊年表曰伐魏取觀今之衛縣也。索隱曰田完系家云敗魏於濁澤
而圍惠王惠王請獻觀以和解。正義曰觀音館魏州觀城縣古之觀國國語云觀國夏啓子太康第五弟之所封也夏
衰滅之矣五年與韓會宅陽城正義曰括地志云宅陽故城一名北宅在鄭州滎陽縣東
南十七里也武堵為秦所敗徐廣曰秦年表曰敗韓魏洛陰六年伐取宋

儀臺徐廣曰一作義臺。索隱曰表亦作義臺然義臺見莊子司馬彪亦曰臺名郭象云義臺靈臺也九
年伐敗韓于澮與秦戰少梁虜我將公孫座徐廣
曰年表云虜我太子也取龐秦獻公卒子孝公立十年伐取
趙皮牢彗星見十二年星晝墜有聲十四年與
趙會鄗十五年魯衛宋鄭君來朝索隱曰紀年魯恭侯宋桓侯衛
成侯鄭釐侯來朝皆在十四年鄭釐侯者韓昭侯也韓哀侯滅鄭而徙都之遂改號曰鄭十六年與秦
孝公會杜平侵宋黃池宋復取之十七年與秦
戰元里秦取我少梁圍趙邯鄲十八年拔邯鄲
趙請救于齊齊使田忌孫臏救趙敗魏桂陵十
九年諸侯圍我襄陵築長城塞固陽正義曰塞先代反括地志

云梱楊縣漢舊縣也在銀州銀城縣界按魏築長城自鄭濱洛北庭銀州至勝州固陽縣爲塞也固陽有連山東至黄河西南至夏會等州梱音固矣二十年歸趙邯鄲與盟漳水上正義曰邯鄲洺州縣也漳水名漳水源出洺州武安縣三門山也二十一年與秦會彤趙成侯卒徐廣曰年表云二十七年冊封名會冊魏大臣也二十八年齊威王卒中山君相魏索隱曰魏文侯滅中山使子擊守之後尋復國至是始令相魏其中山後又爲趙所滅三十年魏伐趙正義曰孫臏傳云魏與趙攻韓韓告急齊此文誤耳魏伐趙趙請救齊齊使孫臏救趙敗魏桂陵乃在十八年也趙告急齊齊宣王用孫子計救趙擊魏魏遂大興師使龐涓將而令太子申爲上將軍過外黄外黄徐子劉向別録曰徐子外黄人也外黄時屬宋。正義曰括地志云故圉城有南北二城在汴州雍丘縣界本屬外黄即太子申見徐子之地也謂太子曰臣

有百戰百勝之術太子曰可得聞乎客曰固願效之曰太子自將攻齊大勝并莒正義曰莒密州縣也在齊東南言從西破齊并至莒地則齊上盡矣則富不過有魏貴不益爲王若戰不勝齊則萬世無魏矣此臣之百戰百勝之術也太子曰諾請必從公之言而還矣客曰太子雖欲還不得矣彼勸太子戰攻欲啜汁者衆正義曰啜穿悅反汁之入反蕢功勳者衆也太子雖欲還恐不得矣太子因欲還其御曰將出而還與北同太子果與齊人戰敗於馬陵徐廣曰在元城。索隱曰按紀年云二十八年與齊田盼戰于馬陵又上二年魏敗韓馬陵十八年趙又敗魏桂陵桂陵與馬陵異處。正義曰虞喜志林云馬陵在濮州鄄城縣東北六十里有陵間谷深

峻可以置伏按龐涓敗即此也徐說馬陵在魏州元城縣東南一里龐涓敗非此地也田完世家云宣王二年魏伐趙趙与韓親共擊魏趙不利戰於南梁韓氏請於齊齊使田忌嬰將孫子爲師救趙韓已擊魏大破之馬陵按南梁在汝州又此傳云太子爲上將軍過外黃又孫臏傳云魏与趙攻韓韓告急齊齊使田忌將而往直走大梁魏將龐涓聞之去韓而歸齊軍已過而西矣按孫子減竈退軍三日行至馬陵遂殺龐涓虜魏太子申大破魏軍營當如虞喜之說從汴州外黃退至濮州東北六十里是也然趙韓共擊魏戰困於南梁韓急請救於齊齊師走大梁敗魏馬陵豈合更渡河北至魏州元城哉徐說定非也齊虜魏太子申殺將軍涓軍遂大破二十一年秦趙齊共伐我索隱曰紀年云二十九年五月齊田盼伐我東鄙九月秦衛鞅伐我西鄙十月邯鄲伐我北鄙王攻衛鞅我師敗績是也然言二十九年不同秦將商君詐我將軍公子卬而襲奪其軍破之秦用商君東地至河而齊趙數破我安邑近秦於是徙治大梁

徐廣曰今浚儀駰案汲冢紀年曰梁惠成王九年四月甲寅徙都大梁也○索隱曰紀年以爲惠王九年蓋誤也○正義曰陳留風俗傳云魏之都也畢萬十葉徙大梁按今汴州浚儀也以公子赫爲太子三十三年秦孝公卒商君亡秦歸魏魏怒不入三十五年與齊宣王會平阿南地理志沛郡有平阿縣也惠王數敗於軍旅卑禮厚幣以招賢者鄒衍淳于髡孟軻皆至梁梁惠王曰寡人不佞兵三折於外太子虜上將死國以空虛以羞先君宗廟社稷寡人甚醜之叟不遠千里劉熙曰叟長老之稱依皓首之言辱幸至弊邑之廷將何以利吾國孟軻曰君不可以言利若是夫君欲利則大夫欲利大夫欲利則庶人

欲利上下爭利國則危矣爲人君仁義而已矣何以利爲三十六年復與齊王會甄是歲惠王卒索隱曰紀年云惠成王三十六年改元稱一年未卒也子襄王立索隱曰系本襄王名嗣襄王元年與諸侯會徐州徐廣曰今薛縣相王也追尊父惠王爲王徐廣曰二年伐趙五年秦敗我龍賈軍四萬五千于雕陰徐廣曰在上郡。正義曰括地志云彫陰故縣在鄜州洛交縣北三十里彫陰故城是也圍我焦曲沃正義曰括地志云故焦城在陝縣東北百步古虢城中東北隅周同姓也曲沃有城在陝縣西南三十二里按今有曲沃店也予秦河西之地正義曰自華州北至同州並魏河北之地尽入秦也六年與秦會應徐廣曰潁川父城有應鄉也。正義曰應乙陵反括地志云故應城故應鄉也在汝州魯山縣東三十里秦取我汾陰皮氏正義曰括地志云汾陰故城在蒲州汾陰縣北

九里皮氏故城在絳州龍門縣西一百八十步也焦魏伐楚敗之陘山徐廣曰在密縣。正義曰括地志云陘山在鄭州新縣西南三十里七年魏盡入上郡于秦正義曰括地志云上郡故城在綏州上縣東南五十里秦魏之上郡地也按丹鄜延綏等州北至固陽並上郡地魏築長城界秦自華州鄭縣已北濱洛至慶州洛源縣白於山即東北至勝州固陽縣東至河西上郡之地尽入於秦秦降我蒲陽正義曰在隰州隰川縣蒲邑故城是也八年秦歸我焦曲沃十二年楚敗我襄陵諸侯執政與秦相張儀會齧桑徐廣曰在梁與彭城之間十三年張儀相魏魏有女子化爲丈夫秦取我曲沃正義曰絳州桐鄉縣晉曲沃邑平周正義曰十三州志云古平周縣在汾州介休縣西五十里也十六年襄王卒子哀王立張儀復歸秦荀勖曰和嶠云紀年起自黃帝終於魏之今王今王者魏惠成王子案太史公書惠成王但言惠王惠王

子曰襄王襄王子曰哀王惠王三十六年卒襄王立十六年卒并惠襄爲五十二年今案古文惠成王立三十六年改元稱一年改元後十七年卒太史公書爲誤分惠成之世以爲二王之年數也世本惠王生襄王而無哀王然則今王者魏襄王也。索隱曰系本襄王生昭王而無哀王蓋脫一代耳孔衍敘魏語亦有哀王而紀年說惠成王三十六年又稱後元一十七年卒此文分惠王之歷以爲二王之年又有哀王凡二十三年紀事甚明蓋無足疑然則是紀年之作失哀王之代故分襄王之年爲惠王後元即以襄王之年包哀王之代耳

哀王元年，五國共攻秦，正義曰韓魏楚趙燕也不勝而去。二年，齊敗我觀津。正義曰括地志云觀津城在冀州棗陽縣東南二十五里本趙邑今屬魏也五年，秦使樗里子伐取我曲沃，索隱曰樗里子秦昭王弟名疾居樗里故因號焉走犀首岸門。徐廣曰潁陰有岸亭。索隱曰犀首官名即公孫衍劉氏云河東皮氏縣有岸頭亭也。正義曰括地志云岸門在許州長社縣西北十八里今名西武亭六年，秦求立公子政爲太子。索隱曰政魏公子也與

秦會臨晉。七年，攻齊。徐廣曰年表云擊齊虜聲子於濮也與秦伐燕。八年，伐衛，拔列城二。索隱曰紀年云八年翟章伐衛衛君患之。如耳正義曰魏大夫姓名也見衛君曰：「請罷魏兵，免成陵君，可乎？」衛君曰：「先生果能，孤請世世以衛事先生。」如耳見成陵君曰：「昔者魏伐趙，斷羊腸，拔閼與，徐廣曰在上黨。正義曰閼於連反與音預羊腸坂道在太行山上南口懷州北口潞州閼與故城在潞州及儀州若斷羊腸拔閼與北連恒州則趙國東西斷而爲三也約斬趙，趙分而爲二，所以不亡者，魏爲從主也。今衛已迫亡，將西請事於秦。與其以秦醳衛，不如以魏醳衛，正義曰醳音釋衛之德魏必終無窮。」成陵君曰：「諾。」如耳見魏王曰：「臣有謁於

衛故周室之別也其稱小國多寶器今國迫於難而寶器不出者其心以爲攻衛醳衛不以王爲主故寶器雖出必不入於王也臣竊料之先言醳衛者必受衛者也如耳出成陵君入以其言見魏王魏王聽其說罷其兵免成陵君終身不見九年與秦王會臨晉張儀魏章皆歸于魏索隱曰章爲魏將後又相秦魏相田需死楚害張儀犀首薛公索隱曰薛公田文也楚相昭魚謂蘇代索隱曰昭魚昭奚恤也曰田需死吾恐張儀犀首薛公有一人相魏者也代曰然相者欲誰而君便之昭魚曰吾欲太子之自

相也索隱曰太子即襄王也代曰請爲君北必相之昭魚曰奈何對曰君其爲梁王代請說君昭魚曰奈何對曰代也從楚來昭魚甚憂曰田需死吾恐張儀犀首薛公有一人相魏者也代曰梁王長主也必不相張儀張儀相必右秦而左魏犀首相必右韓而左魏薛公相必右齊而左魏梁王長主也必不便也王曰然則寡人孰相代曰莫若太子之自相太子之自相是三人者皆以太子爲非常相也皆將務以其國事魏欲得丞相璽也以魏之彊而三萬乘之國輔之魏必安矣故

曰莫若太子之自相也遂北見梁王以此告之太子果相魏十年張儀死十一年與秦武王會應十二年太子朝於秦秦來伐我皮氏未拔而解十四年秦來歸武王后十六年秦拔我蒲反陽晉封陵索隱曰紀年作晉陽封谷。正義曰陽晉當作晉陽也史文誤括地志云晉陽故城今名晉城在蒲州虞鄉縣西三十五里表云魏哀王十六年秦杜陽晉陽即此城也封陵亦在蒲州按陽晉故城在曹州解在蘇秦傳也十七年與秦會臨晉秦予我蒲反十八年與秦伐楚徐廣曰二十年與齊王會于韓二十一年與齊韓共敗秦軍函谷徐廣曰河渭絕一日二十三年秦復予我河外及封陵為和哀王卒索隱曰汲冢紀年終於哀王二十年昭王三年喪畢始稱元年也子昭

王立索隱曰系本昭王名遬昭王元年秦拔我襄城二年與秦戰我不利三年佐韓攻秦秦將白起敗我軍伊闕二十四萬六年予秦河東地方四百里芒卯以詐重索隱曰言芒卯以智詐見重於魏七年秦拔我城大小六十一八年秦昭王為西帝齊湣王為東帝月餘皆復稱王歸帝九年秦拔我新垣曲陽之城正義曰年表及括地志云曲陽故城在懷州濟源縣西十里新垣近曲陽未詳端的所之處也十年齊滅宋宋王死我溫十二年與秦趙韓燕共伐齊敗之濟西湣王出亡燕獨入臨菑與秦王會西周正義曰即王城也今河南郡城也十三年秦拔我安城正義曰括地志云安城故城豫州汝

陵縣東南七十一里兵到大梁去徐廣曰十四年大水十八年秦拔郢楚王徙陳十九年昭王卒子安釐王立索隱曰系本安僖王名圉安釐王元年秦拔我兩城二年又拔我二城軍大梁下韓來救予秦溫以和三年秦拔我四城斬首四萬四年秦破我及韓趙殺十五萬人走我將芒卯魏將段干子請予秦南陽徐廣曰在脩武以和蘇代謂魏王曰欲璽者段干子也欲地者秦也今王使欲地者制璽使欲璽者制地魏氏地不盡則不知已且夫以地事秦譬猶抱薪救火薪不盡火不滅王曰是則然也雖然事始已行不

可更矣對曰王獨不見夫博之所以貴梟者便則食不便則止矣今王曰事始已行不可更是何王之用智不如用梟也正義曰博頭有刻為梟鳥形者擲得梟者合食其子若不便則為餘行也九年秦拔我懷十年秦太子外質於魏死十一年秦拔我郪丘徐廣曰郪一作廩丘又作邢丘郪丘今為宋公縣○索隱曰郪七系反又音妻○正義曰郪七私反又音妻地理志云汝南郡新郪縣應劭曰秦伐魏取郪丘漢興為新郪章帝封殷後更名宋也秦昭王謂左右曰今時韓魏與始孰彊對曰不如始彊王曰今時如耳魏齊與孟嘗芒卯孰賢對曰不如王曰以孟嘗芒卯之賢率彊韓魏以攻秦猶無奈寡人何也今以無能之如耳

魏齊而率弱韓魏以伐秦其無奈寡人何亦明矣左右皆曰甚然中旗馮琴對曰[索隱曰戰國策作推琴春秋後語作伏琴而韓子作推瑟說苑作伏瑟五文各不同]王之料天下過矣當晉六卿之時知氏最彊滅范中行又率韓魏之兵以圍趙襄子於晉陽決晉水以灌晉陽之城[正義曰括地志云晉水源出并州晉陽縣西縣甕山山海經云縣甕之山晉水出焉東南流注汾水昔趙襄子保晉陽智氏防山以水灌之不沒者三版其瀆乘高西注入晉陽城以周溉灌東南出城注於汾陽也]不湛者三版知伯行水魏桓子御韓康子為參乘知伯曰吾始不知水之可以亡人之國也乃今知之汾水可以灌安邑[正義曰安邑在絳州夏縣本魏都汾水東北歷安邑西南入河也]絳水可以灌平陽[正義曰平陽晉州本韓都也括地志云絳水一名白水今名弗泉源出絳山飛泉奮涌揚波注縣積壑二十許丈望之極為奇觀矣按引此灌平陽城也]魏桓子肘韓康子韓康子履魏桓子肘足接於車上而知氏地分身死國亡為天下笑今秦兵雖彊不能過知氏韓魏雖弱尚賢其在晉陽之下也此方其用肘足之時也願王之必勿易也[索隱曰易音以豉反]於是秦王恐齊楚相約而攻魏魏使人求救於秦冠蓋相望也而秦救不至魏人有唐雎者年九十餘矣[索隱曰按雎字音七余反]謂魏王曰老臣請西說秦王令兵先臣出魏王再拜遂約車而遣之唐雎到入見秦王秦王

曰丈人芒然乃遠至此甚苦矣夫魏之來求救
數矣寡人知魏之急已唐雎對曰大王已知魏
之急而救不發者臣竊以為用策之臣無任矣
夫魏一萬乘之國也然所以西面而事秦稱東
藩受冠帶祠春秋者以秦之彊足以為與也索隱
曰與謂許與為親而結和也今齊楚之兵已合於魏郊矣而秦
救不發亦將賴其未急也使之大急彼且割地
而約從王尚何救焉必待其急而救之是失一
東藩之魏而彊二敵之齊楚則王何利焉於是
秦昭王遽為發兵救魏魏氏復定趙使人謂魏

王曰為我殺范痤吾請獻七十里之地魏王曰
諾使吏捕之圍而未殺痤因上屋騎危危棟上也○索隱曰
騎音奇禮云中屋履危危蓋升屋以避兵也謂使者曰與其以死痤市不如
以生痤市有如痤死趙不予王地則王將柰何
故不若與先定割地然後殺痤魏王曰善痤因
上書信陵君曰痤故魏之免相也趙以地殺痤
而魏王聽之有如彊秦亦將襲趙之欲則君且
柰何信陵君言於王而出之魏王以秦救之故
欲親秦而伐韓以求故地無忌謂魏王曰秦與
戎翟同俗有虎狼之心貪戾好利無信不識禮

義德行苟有利焉不顧親戚兄弟若禽獸耳此天下之所識也非有所施厚積德也故太后母也而以憂死穰侯舅也功莫大焉而竟逐之兩弟無罪而再奪之國此於親戚若此而況於仇讎之國乎今王與秦共伐韓而益近秦患臣甚惑之而王不識則不明羣臣莫以聞則不忠今韓氏以一女子奉一弱主內有大亂外交彊秦魏之兵王以爲不亡乎韓亡秦有鄭地與大梁鄰索隱曰戰國策亦作鄰字俗本或作鄴非王以爲安乎王欲得故地今負彊秦之親王以爲利乎秦非無事之國也韓

亡之後必將更事更事必就易與利就易與利必不伐楚與趙矣是何也夫越山踰河絕韓上黨而攻彊趙是復閼與之事索隱曰復音扶富反謂前年秦韓相攻閼與而趙奢破秦軍也秦必不爲也若道河內倍鄴朝歌絕漳滏水與趙兵決於邯鄲之郊是知伯之禍也秦又不敢伐楚道涉山谷索隱曰道猶行也涉谷是往楚之險路從秦向楚有兩道涉谷是西道河內是東道行三千里正義曰劉伯莊云秦兵向楚有兩道涉谷西道河外東道從褒斜入梁州即東南至申州攻石城山險阨之塞也而攻冥阨之塞孫檢曰楚之險塞也徐廣曰或以爲今江夏鄳縣○正義曰冥音盲括地志云石城山在申州鍾山縣東南二十一里魏攻冥阨即此山上有故石城注水經云或言在鄳指此山也呂氏春秋云九塞此其一也所行甚遠所攻甚難索隱曰攻亦作致戰國策

見作致軍言致軍糧難也秦又不爲也若道河外倍大梁正義曰從河外出函谷關歷同州南至鄭州東向陳州則背大梁也右蔡左召陵徐廣曰一無左字。正義曰上蔡縣在豫州北七十里邵陵故城亦在豫州郾城縣東四十五里並在陳州西從汴州南行向陳州之西郊則上蔡邵陵在南面向東皆身之右定無左字也與楚兵決於陳郊秦又不敢故曰秦必不伐楚與趙矣又不攻衛與齊矣正義曰衛齊皆在韓趙魏之東故秦不伐也夫韓亡之後兵出之日非魏無攻已秦固有懷茅徐廣曰在脩武軹縣有茅亭。正義曰茅卯包反懷州武陟縣西十一里故懷城本周邑後屬晉左傳云周與鄭人蘇忿生十二邑其一曰攢茅括地志云在懷州獲嘉縣東北二十五里也獲嘉古脩武也邢丘徐廣曰在平皐。正義曰括地志云平皐故城在懷州武德縣東南二十里本邢丘邑也以其在河之皐地也城垝津以臨河內索隱曰戰國策云邢丘安城此少安字垝津在河北垝音九毀

反。正義曰垝音詭字誤當作延括地志云延津故俗字名臨津故城在衛州清淇縣西南二十六里杜預云汲郡城南有延津是也河內共汲必危徐廣曰汲縣屬河內。索隱曰汲亦作波波及汲皆縣名俱屬河內有鄭地徐廣曰成皐滎陽亦屬鄭得垣雍徐廣曰垣雍城在卷縣卷縣屬魏也卷縣又有長城經陽武到密者也。正義曰雍於用反括地志云故城在鄭州原武縣西北七里釋例地名卷縣理或垣城也言韓亡之後秦有鄭地得垣雍城從滎澤決溝歷雍灌大梁是也決滎澤水灌大梁大梁必亡王之使者出過而惡安陵氏於秦徐廣曰召陵有安陵郡征羌有安陵亭也。正義曰括地志云鄢陵縣西北十五里李奇云六國時爲安陵也言魏王使者出向秦云共伐韓以成過失而更惡安陵氏於秦今伐之重非也秦之欲誅之久矣秦葉陽昆陽與武陽鄰正義曰括地志云葉陽今許州葉縣也昆陽故城在許州葉縣北二十五里舞陽故城在葉縣東十里此時葉陽昆陽屬秦舞陽屬魏也聽使者之惡之索隱曰聽平聲使去聲隨安

陵氏而云之（正義曰隨猶聽也無忌說言使者惡安陵氏亦聽秦云安陵氏然繞舞陽之北以東臨許許必危矣秦有許地魏國可無害）繞舞陽之北以東臨許南國必危（正義曰南國今許州許昌縣南西四十里許昌故城是也此是屬韓在魏之南故言南國括地志云周時爲許國武王伐紂所封地里志云潁川許縣古許國姜姓四岳之後大叔所封二十四君爲楚所滅三卿背晉其地屬韓）國無害已夫憎韓不愛安陵氏可也夫不患秦之不愛南國非也異日者秦在河西晉國去梁千里（徐廣曰魏國之界千里又云河南縣縣有注城。正義曰河西同州也晉國都絳州魏都安邑皆在河東去大梁有千里也）有河山以闌之有周韓以閒之從林鄉軍（徐廣曰林鄉在宛縣。索隱曰劉氏云林地名蓋春秋時鄭地之棐林在大梁之西北徐廣云在宛縣非也。正義曰括地志云宛陵故城在鄭州新鄭縣東北三十八里本鄭舊縣也按劉徐二說是其地也）以至于今秦七

攻魏五入圍中（徐廣曰一作城也。索隱曰圃即圃田圃田鄭藪屬魏戰國策作國中。正義曰括地志云圃田澤在鄭州管城縣東三里周礼云豫州藪曰圃田也）邊城盡拔文臺墮垂都焚（徐廣曰一云魏山都焚句陽有垂亭。索隱曰文臺臺名列士傳曰隱陵君施酒文臺也垂地名有廟曰都並魏臺邑名。正義曰墮許規反括地志云文臺在曹州宛句縣西北六十五里也）林木伐麋鹿盡而國繼以圍又長驅梁北東至陶衛之郊（正義曰陶曹州定陶也衛即宋州楚丘縣衛文公都之秦兵歷取其郊也）北至平監（徐廣曰平縣屬河南平或作乎字史記斉闞上作監字闞在東平須昌縣）所亡於秦者山南山北（正義曰山華山也華山之東南七國時鄧州屬韓汝州屬魏華山之北同華銀綏並魏地也）河外河內（正義曰河外謂華州以東至虢陝河內謂蒲州以東至懷衛也）大縣數十（徐廣曰一作百）名都數百（徐廣曰一作十）秦乃在河西晉去梁千里而禍若是矣

又況於使秦無韓有鄭地無河山而闌之無周韓而間之去大梁百里禍必由此矣異日者從之不成也 索隱曰從音足松反 楚魏疑而韓不可得也今韓受兵三年秦橈之以講識亡不聽 索隱曰橈音苦孝反謂韓被秦之兵撓擾已經三年云欲講說與韓和識猶知也戰國策云韓知亡猶不聽也 投質於趙請爲天下鴈行頓刃楚趙必集兵皆識秦之欲無窮也非盡亡天下之國而臣海內必不休矣是故臣願以從事王 索隱曰從足松反從事謂合從事王也戰國策亦然 王速受楚趙之約趙挾韓之質 索隱曰言韓以質子入趙則趙挾韓質而親韓也 以存韓而求故地韓必效之 索隱曰效猶致也謂致故地於趙也。正義曰無忌令魏王速受楚趙之從趙楚挾持韓之質以存韓而魏以求地韓必效之勝於與秦伐韓又與秦隣之禍殃也 此士民不勞而故地得其功多於與秦共伐韓而又與彊秦鄰之禍也夫存韓安魏而利天下此亦王之天時已通韓上黨於共甯 徐廣曰朝歌有甯鄉。正義曰共衞州共城縣甯懷州脩武縣本殷之甯邑韓詩外傳云武王伐紂勒兵於甯故曰脩武今魏開通共甯之道使韓上黨得直路而行也 出入賦之使道安成 正義曰括地志云故安城在鄭州原武縣東南二十里時屬魏也 是魏重質韓以其上黨也今有其賦足以富國韓必德魏愛魏重魏畏魏韓必不敢反魏是韓則魏之縣也魏得韓以爲縣衞大梁河外必安矣今不存韓二周安陵必危楚趙大破衞齊甚畏天下西鄉而馳秦入朝而爲臣不久矣二十年秦圍邯鄲信陵君無忌矯奪將軍晉鄙兵以救趙正義曰括地志云魏德故城一名晉鄙城在衛縣西北五十里即公子無忌矯奪晉鄙兵故名魏德城也趙得全無忌因留趙二十六年秦昭王卒三十年無忌歸魏率五國兵攻秦敗之河內走蒙驁魏太子增質於秦秦怒欲囚魏太子增或爲增謂秦王曰索隱曰戰國策作蘇秦爲公子增謂秦王公孫喜固謂魏相曰索隱曰戰國策作公孫衍請以魏疾擊秦秦王怒必囚增魏王又怒擊秦秦必傷今王囚增是喜之計中也故不若貴增而合魏以疑之於齊韓秦乃止增三

十一年秦王政初立三十四年安釐王卒太子增立是爲景湣王索隱曰系本安釐王生景愍王午也信陵君無忌卒景湣王元年秦拔我二十城以爲秦東郡二年秦拔我朝歌衛徙野王徐廣曰衛從濮陽徙野王三年秦拔我汲五年秦拔我垣蒲陽衍徐廣曰十二年獻城秦。正義曰括地志云故垣地本魏王垣也在絳州垣縣西北二十里蒲邑故城在隰州隰川縣南四十五里在蒲水之北故曰蒲陽衍地名在鄭州十五年景湣王卒子王假立王假元年燕太子丹使荊軻刺秦王秦王覺之徐廣曰二年新鄭反三年秦灌大梁虜王假列女傳曰秦殺假遂滅魏以爲郡縣

太史公曰吾適故大梁之墟墟中人曰秦之破

梁引河溝而灌大梁三月城壞王請降遂滅魏說者皆曰魏以不用信陵君故國削弱至於亡余以為不然天方令秦平海內其業未成魏雖得阿衡之佐曷益乎索隱曰譙周云以予所聞所謂國之云亡者有賢者而不用也如用之何有亡哉使紂用三仁周不能王況秦虎狼乎

索隱述贊曰

畢公之苗　因國為姓　大名始賞
盈數自正　胤裔繁昌　世載忠正
楊干就戮　智氏奔命　文始建侯
武實彊盛　大梁東徙　長安北偵
如既無功　卬亦外聘　王假削弱
虜於秦政

史伍阡叁伯柒拾玖字
註伍阡柒伯玖拾壹字

魏世家第十四　史記四十四

韓世家第十五　史記四十五

韓之先與周同姓，姓姬氏。其後苗裔事晉，得封於韓原（正義曰括地志云韓原在同州韓城縣西南八里又韓城在縣南十八里故古韓國也古今地名云韓武子食采於韓原地城也），曰韓武子（索隱曰按左氏傳云邗晉應韓武之穆則韓是武王之子然詩稱韓侯出祖則是有韓而先滅今據此文云其後裔事晉封於原曰韓武子則武子本是韓侯之後晉又封之於韓原即今之馮翊韓城是也然按系本及左傳舊說皆謂韓萬是曲沃桓叔之子即是晉之支庶又國語叔向謂韓宣子能修武子之德起再拜謝曰自桓叔已下嘉吾子之賜亦言桓叔是韓之祖也今以韓侯之後別有桓叔非關曲沃之桓叔如此則與太史公之意亦有違耳）。武子後三世有韓厥（索隱曰系本云萬生賕伯賕伯生定伯簡簡生輿輿生獻子厥），從封姓為韓氏。韓厥，晉景公之三年，晉司寇屠岸賈將作亂，誅靈公之賊趙盾。趙盾已死矣，欲誅其子趙朔。韓厥止賈，賈不聽。厥告趙朔令亡。朔曰：「子必能不絕趙祀，死不恨矣。」韓厥許之。及賈誅趙氏，厥稱疾不出。程嬰、公孫杵臼之藏趙孤趙武也，厥知之。景公十一年，厥與郤克將兵八百乘伐齊，敗齊頃公于鞍（正義曰音安括地志云故鞌城今俗名馬鞌城在濟州平陰縣十里），獲逢丑父。於是晉作六卿，而韓厥在一卿之位，號為獻子。晉景公十七年，病，卜大業之不遂者為祟。韓厥稱趙成季之功，今後無祀，以感景公。景公問曰：「尚有世乎？」厥於是言趙武，而復與故趙氏田邑，續趙氏祀。晉悼公之十年韓獻子老獻子卒子宣子代宣子徙居州索隱曰宣子名起州今在河內是也。○正義曰括地志云懷州武德縣本周司寇蘇忿生之州邑也晉平公十四年吳季札使晉曰晉國之政卒歸於韓魏趙矣晉頃公十二年韓宣子與趙魏共分祁氏羊舌氏十縣晉定公十五年宣子與趙簡子侵伐范中行氏宣子卒子貞子代立貞子徙居平陽索隱曰系本作平子名須宣子子也又云景子居平陽平陽在山西宋忠曰今河東平陽縣。○正義曰平陽晉州城是

貞子卒子簡子代徐廣曰史記多無簡子莊子而云貞子生康子班氏亦同。○索隱曰按系本有簡子名不信莊子名庚趙系家亦有簡子名不佞也

簡子卒子莊子代莊子卒子康子代索隱曰康子名虎康子與趙襄子魏桓子共敗知伯分其地地益大大於諸侯康子卒子武子代索隱曰武子名啓章武子二年伐鄭殺其君幽公十六年武子卒子景侯立索隱曰紀年及世本皆作景子名處景侯虔元年伐鄭取雍丘二年鄭敗我負黍六年與趙魏俱得列為諸侯九年鄭圍我陽翟景侯卒子列侯取立索隱曰系本作武侯也

列侯三年聶政殺韓相俠累徐廣曰六年救魯也。○索隱曰戰國策作殺韓傀高誘曰韓傀俠累也九年秦伐我宜陽取六邑十三年列侯卒子文侯立索隱曰紀年無文侯系本無列侯是歲魏文侯卒文侯二年伐鄭取陽城伐宋到彭城執宋君七年伐齊至桑丘鄭反晉九

年伐齊至靈丘正義曰靈丘蔚州縣也此時屬燕也十年文侯卒子哀侯立哀侯元年與趙魏分晉國二年滅鄭因徙都鄭索隱曰紀年魏武侯二十一年韓滅鄭哀侯入于鄭二十二年晉桓公邑哀侯于鄭是韓既徙都因改號曰鄭故戰國策謂韓惠王曰鄭惠王猶魏徙大梁稱梁王然也六年韓嚴弒其君哀侯而子懿侯立索隱曰年表懿侯作莊侯又紀年云晉桓公邑哀侯于鄭韓山堅賊其君哀侯而韓若山立若山即懿侯也則韓嚴為韓山堅也戰國策又有嚴仲子名遂又恐是韓嚴也懿侯二年魏敗我馬陵正義曰在魏州元城縣東南一里五年與魏惠王會宅陽正義曰在鄭州也九年魏敗我澮徐廣曰大雨三月也。正義曰澮古外反在陵川澮水之上也十二年懿侯卒子昭侯立昭侯元年秦敗我西山二年宋取我黃池徐廣曰在平丘魏取朱六年伐東周

正義曰河南鞏縣取陵觀邢丘八年申不害相韓脩術行道國內以治諸侯不來侵伐十年韓姬弒其君悼公索隱曰姬亦作玘並音羊之反姬是韓大夫而王邵亦云不知悼公何君也十一年昭侯如秦二十二年申不害死二十四年秦來拔我宜陽二十五年旱作高門屈宜臼許慎曰屈宜臼楚大夫在魏也曰昭侯不出此門何也不時吾所謂時者非時日也人固有利不利時昭侯嘗利矣不作高門往年秦拔宜陽今年旱昭侯不以此時卹民之急而顧益奢此謂時絀舉贏徐廣曰時衰耗而作奢侈二十六年高門成昭侯卒果不出此門子宣惠王立索隱

曰紀年鄭昭侯武薨次威侯立威侯七年與邯鄲圍襄陵五月梁惠王會威侯于巫沙十月鄭宣王朝梁不見威侯之卒下敗韓舉在威侯八年而此系家即以爲宣惠王之年又上有殺悼公又不知是誰之謚則韓微小國史失代系故此文及系本不同今亦不可考也

宣惠王五年張儀相秦八年魏敗我將韓舉索隱曰按此則舉是韓將不疑而紀年云韓舉趙將蓋舉本趙將後入韓又紀年云其敗當韓威王八年是不同也

十一年君號爲王與趙會區鼠十四年秦伐敗我鄢徐廣曰潁川鄢陵縣音於乾反。正義曰今許州鄢陵縣西北十五里有鄢陵故城是也

十六年秦敗我脩魚虜得韓將鯫申差於濁澤徐廣曰一云鯫申差長社有濁澤。索隱曰脩魚地名鯫申差二將名鯫音瘦亦作鯫。正義曰按濁澤者蓋誤當作觀澤年表云秦惠文王更元八年與韓戰斬首八萬韓宣惠王十六年秦敗我脩魚得將軍申差魏哀王二年齊敗我觀澤趙武靈王九年與韓魏擊秦齊湣王七年敗魏世家云濁澤定誤矣徐廣又云濁澤在長社不曉錯誤之甚括地志云觀澤在魏州頓丘縣東十八里

韓氏急公仲謂韓王曰索隱曰公仲韓相國名侈與國非可恃也今秦之欲伐楚久矣王不如因張儀爲和於秦賂以一名都具甲與之南伐楚此以一易二之計也索隱曰一謂名都也二謂使不伐韓而又與之伐楚也韓王曰善乃警公仲之行索隱曰警戒也戰國策作儆亦同將西購於秦索隱曰戰國策作講講亦謀議與購求意通楚王聞之大恐召陳軫告之陳軫曰秦之欲伐楚久矣今又得韓之名都一而具甲秦韓并兵而伐楚此秦所禱祀而求也今已得之矣楚國必伐矣王聽臣爲之警四境之內起師言救韓命戰車滿道路發信臣多其

車重其幣使信王之救已也縱韓不能聽我韓必德王也索隱曰言韓王信楚之救雖不能聽必待楚救至折入於秦猶德於楚也必不爲鴈行以來索隱曰言韓以楚必救已雖隨秦來戰猶德於王故不爲鴈行而來言不同心旅進也是秦韓不和也兵雖至楚不大病也爲能聽我絶和於秦秦必大怒以厚怨韓韓之南交楚必輕秦輕秦其應秦必不敬是因秦韓之兵而免楚國之患也楚王曰善乃警四境之內興師言救韓命戰車滿道路發信臣多其車重其幣謂韓王曰不穀國雖小已悉發之矣願大國遂肆志於秦不穀將以楚殉韓索隱曰殉從死也言以死助韓韓王聞之大

說乃止公仲之行索隱曰止不令西之秦公仲曰不可夫以實伐我者秦也以虛名救我者楚也王恃楚之虛名而輕絶彊秦之敵王必爲天下大笑且楚韓非兄弟之國也又非素約而謀伐秦也已有伐形因發兵言救韓此必陳軫之謀也且王已使人報於秦矣今不行是欺秦也夫輕欺彊秦而信楚之謀臣恐王必悔之韓王不聽遂絶於秦秦因大怒益甲伐韓大戰楚救不至韓十九年大破我岸門徐廣曰潁陰有岸亭。正義曰括地志云岸門在許州長社縣西北十八里今名西武亭矣太子倉質於秦以和二十一年徐廣曰周王赧之三年也與秦共攻楚徐廣曰圍景座也敗楚將屈丐斬首八萬於丹陽索隱曰故楚都在今均州也。正義曰左傳例云楚居丹陽今枝江縣故城是也是歲宣惠王卒太子倉立是為襄王徐廣曰一云周赧王六年韓襄哀王三年張儀死赧王九年襄哀王六年秦昭王立襄王四年與秦武王會臨晉其秋秦使甘茂攻我宜陽五年秦拔我宜陽正義曰括地志云故韓城一名宜陽城在洛州福昌縣東十四里韓宜陽城也斬首六萬秦武王卒六年秦復與我武遂九年秦復取我武遂十年太子嬰朝秦而歸徐廣曰與秦會臨晉因至咸陽而還十一年秦伐我取穰正義曰穰人羊反鄧州縣也郭仲產南雍州記云楚之別邑秦初侵楚封公子悝為穰侯後屬韓秦昭王取之也與秦伐楚敗楚將唐昧十二年太子嬰死公子咎公子蟣虱爭為太子時蟣虱質於楚蘇代謂韓咎曰蟣虱亡在楚楚王欲內之甚今楚兵十餘萬在方城之外索隱曰方城楚之北境之外謂北境之地也。正義曰括地志云方城山在許州葉縣西南十八里左傳云楚大夫屈完對齊侯曰楚國方城以為城杜注云方城山在南陽葉縣南公何不令楚王築萬室之都雍氏之旁徐廣曰在陽翟。正義曰括地志云故雍氏城在洛州陽翟縣二十五里故老云黃帝臣雍父作杵臼也韓必起兵以救之公必將矣公因以韓楚之兵奉蟣虱而內之其聽公必矣必以楚韓封公也韓咎從其計楚圍雍氏徐廣曰秦本紀惠王後元十三年周赧王三年楚懷王十七年齊湣王十二年皆云楚圍雍氏紀年於此亦說楚景翠圍雍氏韓宣王卒秦助韓共敗楚屈丐又云齊宋圍煮棗皆與史記年表及田完世家符同然則此卷所云襄王十二年韓咎從其計以上是楚後圍雍氏報王之十五年事也又說楚圍雍氏以下是楚前圍雍氏報王之三年事韓求救於秦秦未爲發使公孫昧入韓公仲曰子以秦爲且救韓乎對曰秦王之言曰請道南鄭藍田正義曰南鄭梁州縣藍田雍州縣秦王言或出雍州西南至鄭或出雍州東南歷藍田出嶢關俱繞楚北境以待韓使而東救雍氏如此遲緩近不合於楚矣出兵於楚以待公殆不合矣索隱曰殆不合於南鄭公仲曰子以爲果乎對曰秦王必祖張儀之故智徐廣曰祖者宗之習之謂也故智猶前時謀計也楚威王攻梁也張儀謂秦王曰與楚攻魏魏折而入於楚韓固其與國也是孤秦也不如出兵以到之索隱曰到欺也猶俗云張到然戰國策作勁勁強也魏楚大戰秦取西河之外

以歸今其狀陽言與韓其實陰善楚公待秦而到必輕與楚戰楚陰得秦之不用也必易與公相支也索隱曰言楚陰知秦不爲公用亦必易與公相支拒也公戰而勝楚遂與公乘楚施三川而歸正義曰施猶設也三川周天子都也言韓戰勝楚則秦與韓駕御於楚即於天子之都張設救韓之功行霸王之迹加威諸侯乃歸咸陽是也公戰不勝楚楚塞三川守之正義曰楚乃塞南河四關守之韓不能救三川公不能救也竊爲公患之司馬庚徐廣曰一作唐三反於郢甘茂與昭魚徐廣曰楚相國。索隱曰戰國策謂之昭獻也遇於商於其言收璽實類有約也索隱曰劉氏云詐言昭魚求秦欲得秦官之印璽收即取之義也公仲恐曰然則奈何曰公必先韓而後秦先身而後張儀正義曰先以身存韓

之計而後知張儀爲秦到魏之計不如急以國合於齊楚公不如亟以國合於齊楚
齊楚必委國於公公之所惡者張儀也正義曰惡烏故反公
孫昧言公仲所惡者張儀到魏之計雖以國合於齊楚其實猶不輕欺無秦也其實猶不無秦
也於是楚解雍氏圍徐廣曰甘茂傳曰楚懷王以兵圍韓雍氏韓使公仲告急於秦秦昭
王新立不肯救甘茂爲韓言之乃下師於殽以救韓也又云周赧王十五年韓襄王十二年秦擊楚斬首二萬敗楚襄城
殺景缺周本紀赧王八年之後云楚圍雍氏此當韓襄王十二年魏哀王十九年紀年於此亦說楚入雍氏楚人敗然耳
時張儀已死十年矣。正義曰自此已上十二年並是楚後圍雍氏赧王之十五年一段事也前注徐廣云楚圍雍氏之
下是楚前圍雍氏赧王三年事徐說非也徐見下文云先身而後張儀及公之所惡者張儀也言張儀尚存楚又兩度圍
雍氏故生此前後之見甚誤也然是公孫昧却述張儀時事說韓相公仲耳蘇代又謂秦太
后弟芈戎徐廣曰號新城君。索隱曰芈姓戎名秦宣太后弟號新城君曰公叔伯嬰

恐秦楚之內蟣虱也索隱曰戰國策公叔伯嬰與蟣虱太子嬰嬰前死故咎與蟣虱又争立此取戰國策說及公子咎並是襄王子然伯嬰即伯嬰未立之前亦與蟣虱争立故事重而文到也公何
不爲韓求質於楚索隱曰令韓求楚更以別人爲質以替蟣虱也。正義曰爲于僞反後同
質子蟣虱蘇代令芈戎爲韓求蟣虱入於韓楚不聽公叔伯嬰知秦楚不以蟣虱爲事必以韓合於秦楚楚王聽入質子
相韓當云楚王不聽入質子於韓承前脫不字耳次下云知秦楚不以蟣虱爲事重明脫不字楚王聽入
質子於韓索隱曰質子蟣虱也則公叔伯嬰知秦楚之不以
蟣虱爲事必以韓合於秦楚秦楚挾韓以窘魏
魏氏不敢合於齊是齊孤也公又爲秦求質子
於楚索隱曰公令芈戎教秦於楚索韓所送質子令入之於秦也楚不聽怨結於韓韓
挾齊魏以圍楚楚必重公正義曰言韓合齊魏以圍楚楚必尊重芈戎以求秦

救矣公挾秦楚之重以積德於韓公叔伯嬰必以國待公於是蟣蝨竟不得歸韓正義曰自此已前蘇代數計皆不成故韓竟立咎爲太子也韓立咎爲太子齊魏王來正義曰蘇代爲韓立計故得齊魏王來十四年與齊魏王共擊秦至函谷而軍焉十六年秦與我河外及武遂襄王卒太子咎立是爲釐王釐王三年使公孫喜率周魏攻秦秦敗我二十四萬虜喜伊闕五年秦拔我宛正義曰宛於元反宛鄧州縣也時屬韓也六年與秦武遂地二百里正義曰此武遂及上武遂皆宜陽近地十年秦敗我師于夏山十二年與秦昭王會西周而佐秦攻齊齊敗湣王出亡十四年與秦

會兩周閒二十一年使暴鳶正義曰音捐韓將姓名救魏爲秦所敗鳶走開封二十三年趙魏攻我華陽正義曰司馬彪云華陽山名在密縣鄭州管城縣南四十里韓告急於秦秦不救韓相國謂陳筮徐廣曰一作筮○索隱曰戰國策作田苓曰事急願公雖病爲一宿之行陳筮見穰侯穰侯曰事急乎故使公來陳筮曰未急也穰侯怒曰是可以爲公之主使乎夫冠蓋相望告敝邑甚急公來言未急何也陳筮曰彼韓急則將變而佗從以未急故復來耳穰侯曰公無見王請今發兵救韓八日而至敗趙魏於華陽之下是歲釐王卒子桓惠

王立桓惠王元年伐燕九年秦拔我陘城汾旁正義曰陘音刑秦拔陘城於汾水之旁陘故城在絳州曲沃縣西北二十里汾水之旁也十年秦擊我上黨於太行正義曰太行山在懷州河內縣北二十五里也我上黨郡守以上黨郡降趙十四年秦拔趙上黨正義曰韓上黨也從太行山西北澤潞等州是也殺馬服子卒四十餘萬於長平十七年秦拔我陽城負黍徐廣曰負黍在陽城○正義曰古今地名云負黍在洛州陽城西南三十七里也二十二年秦昭王卒二十四年秦拔我城皋滎陽二十六年秦悉拔我上黨二十九年秦拔我十三城三十四年桓惠王卒子王安立王安五年秦攻韓韓急使韓非使秦秦留非因殺之九年秦

虜王安盡入其地為潁川郡韓遂亡正義曰亡在秦始皇帝十七年

太史公曰韓厥之感晉景公紹趙孤之子武以成程嬰公孫杵臼之義此天下之陰德也韓氏之功於晉未覩其大者也然與趙魏終為諸侯十餘世宜乎哉

索隱述贊曰

韓氏之先　實宗周武　事微國小
春秋無語　後裔事晉　韓原是處
趙孤克立　智伯可取　既徙平陽

又侵負黍　景趙據侯　惠文僭主
秦敗脩魚　魏會區鼠　韓非雖使
不禁狠虎

史貳阡伍伯壹拾貳字
註貳阡陸伯玖拾貳字

韓世家第十五　　史記四十五

田敬仲完世家第十六　史記四十六

陳完者陳厲公佗之子也索隱曰佗音徒何反此系家以佗為厲公而左傳厲公名躍陳系家又有利公躍利即厲也是厲公名躍非名佗也蓋佗是厲公之兄立未踰年無謚今此云厲公佗非也佗一名五父故經云蔡人殺陳佗傳又云蔡人殺五父是也完生周太史過陳陳厲公使卜完卦得觀之否是為觀國之光利用賓于王此其代陳有國乎不在此而在異國乎非此其身也在其子孫若在異國必姜姓姜姓四嶽之後正義曰杜預云姜姓之先為堯四嶽也物莫能兩大陳衰此其昌乎正義曰陳湣公周敬王四十一年為楚惠王所滅齊簡公周敬王三十九年被田常所殺厲公者陳文公少子也其母蔡女文公卒厲公兄鮑立

是為桓公桓公與佗異母及桓公病蔡人為佗殺桓公鮑及太子免而立佗為厲公厲公既立娶蔡女蔡女淫於蔡人數歸厲公亦數如蔡桓公之少子林怨厲公殺其父與兄乃令蔡人誘厲公而殺之林自立是為莊公故陳完不得立為陳大夫厲公之殺以淫出國故春秋曰蔡人殺陳佗罪之也莊公卒立弟杵臼是為宣公宣公十一年殺其太子禦寇禦寇與完相愛恐禍及己完故奔齊齊桓公欲使為卿辭曰羈旅之臣幸得免負擔君之惠也不敢當高位桓公使

為工正（正義曰工巧之長若將作大匠）齊懿仲欲妻完卜之占曰是謂鳳皇于蜚和鳴鏘鏘有媯之後將育于姜五世其昌並于正卿八世之後莫之與京卒妻完完之奔齊齊桓公立十四年矣完卒謚為敬仲仲生穉孟夷（索隱曰系本作夷孟思蓋穉是名孟夷字也）敬仲之如齊以陳字為田氏（徐廣曰應劭云始食采地由是改姓田氏○索隱曰據史此文敬仲奔齊以陳田二字聲相近遂為田氏○正義曰按敬仲既奔齊不欲稱本故國號故改陳字為田氏）田穉孟夷生湣孟莊（徐廣曰一作芷○索隱曰系本作閩孟克芷昌改反）田湣孟莊生文子須無田文子事齊莊公晉之大夫欒逞作亂於晉來奔齊（索隱曰逞音盈史記多作逞字）齊莊公厚客之晏嬰與田

文子諫莊公弗聽文子卒生桓子無宇田桓子無宇有力事齊莊公甚有寵無宇卒生武子開與釐子（正義曰釐音僖也）乞田釐子乞事齊景公為大夫其收賦稅於民以小斗受之其粟予民以大斗行陰德於民而景公弗禁由此田氏得齊眾心宗族益彊民思田氏晏子數諫景公景公弗聽已而使於晉與叔向私語曰齊國之政其卒歸於田氏矣晏嬰卒後范中行氏反晉晉攻之急范中行請粟於齊田乞欲為亂樹黨於諸侯乃說景公曰范中行數有德於齊齊不可不救齊

使田乞救之而輸之粟景公太子死後有寵姬曰芮子生子荼（徐廣曰一作粥子。索隱曰荼音舒又如字）景公病命其相國惠子與高昭子以子荼爲太子（索隱曰惠子名夏昭子名張）景公卒兩相高國立荼是爲晏孺子而田乞不說欲立景公佗子陽生陽生素與乞歡晏孺子之立也陽生奔魯田乞僞事高昭子國惠子者每朝代參乘言曰始諸大夫不欲立孺子孺子既立君相之大夫皆自危謀作亂又紿大夫曰高昭子可畏也及未發先之諸大夫從之田乞鮑牧與大夫以兵入公室攻高昭子昭子聞

之與國惠子救公公師敗田乞之衆追國惠子惠子奔莒遂反殺高昭子晏孺子奔魯田乞使人之魯迎陽生陽生至齊匿田乞家請諸大夫曰常之母有魚菽之祭幸而來會飲會飲田氏田乞盛陽生橐中（索隱曰橐音託橐中謂皮橐之中）置坐中央發橐出陽生曰此乃齊君矣大夫皆伏謁將盟立之田乞誣曰吾與鮑牧謀共立陽生也鮑牧怒曰大夫忘景公之命乎諸大夫欲悔陽生乃頓首曰可則立之不可則已鮑牧恐禍及己乃復曰皆景公之子何爲不可遂立陽生於田乞之

家是爲悼公乃使人遷晏孺子於駘正義曰音臺又音台賈逵云齊地也而殺孺子荼悼公既立田乞爲相專齊政四年田乞卒子常代立是爲田成子鮑牧與齊悼公有郄弑悼公齊人共立其子壬是爲簡公田常成子與監止監一作闞○索隱曰監止字又苦濫反監姓止名俱爲左右相相簡公田常心害監止監止幸於簡公權弗能去於是田常復脩釐子之政以大斗出貸以小斗收齊人歌之曰嫗乎采芑歸乎田成子索隱曰言嫗之采芑菜皆歸入于田成子以刺齊國之政將歸陳氏也齊大夫朝御鞅諫簡公索隱曰御官也鞅名也亦田氏之族曰田監不可並也君其擇

焉君弗聽子我者監止之宗人也索隱曰齊系家云子我夕賈逵云即監止也尋其文意當是監止之宗人太史誤耳常與田氏有郤田氏疏族田豹事子我有寵子我曰吾欲盡滅田氏適以豹代田氏宗豹曰臣於田氏疏矣不聽已而豹謂田氏曰子我將誅田氏田氏弗先禍及矣子我舍公宮田常兄弟四人乘如公宮欲殺子我子我閉門簡公與婦人飲檀臺正義曰在青州臨淄縣東北一里將欲擊田常太史子餘曰田常非敢爲亂將除害簡公乃止田常出聞簡公怒恐誅將出亡田子行曰需事之賊也索隱曰需音須需者疑也疑必致難故云事之賊也田

常於是擊子我子我率其徒攻田氏不勝出亡田氏之徒追殺子我及監止簡公出奔田氏之徒追執簡公于徐州索隱曰徐音舒徐州齊邑薛縣是也非九州之徐。正義曰齊之西北界上地名在勃海郡東平縣也簡公曰蚤從御鞅之言不及此難田氏之徒恐簡公復立而誅己遂殺簡公簡公立四年而殺於是田常立簡公弟驁是爲平公平公即位田常爲相田常既殺簡公懼諸侯共誅己乃盡歸魯衛侵地西約晉韓魏趙氏南通吳越之使脩功行賞親於百姓以故齊復定田常言於齊平公曰德施人之所欲君其行之刑

罰人之所惡臣請行之行之五年齊國之政皆歸田常田常於是盡誅鮑晏監止及公族之彊者而割齊自安平以東徐廣曰安平在北海。索隱曰司馬彪郡国志北海東安平六國時曰安平徐廣說是。正義曰括地志云安平城在青州臨淄縣東十九里古紀國之酅邑青州即北海郡也至琅邪正義曰琅邪沂州也從安平已東萊登沂密等州皆自爲田常封邑也自爲封邑封邑大於平公之所食田常乃選齊國中女長七尺以上爲後宮後宮以百數而使賓客舍人出入後宮者不禁及田常卒有七十餘男索隱曰鮑昱云陳成子有數十婦生男百餘人與此亦異然譙允南按春秋陳恒爲人雖志大負殺君之名至於行事亦脩整故能自保非苟爲禽獸之行夫成事在妄雖子七十秖以長亂事豈然哉言其非實也田常卒子襄子

盤代立（徐廣曰盤一作塈。索隱曰塈音許既反系本作班）相齊常謚為成子

田襄子既相齊宣公三晉殺知伯（徐廣曰宣公之三年時也）分其地襄子使其兄弟宗人盡為齊都邑大夫與三晉通使且以有齊國襄子卒子莊子白立（索隱曰系本名伯）

田莊子相齊宣公宣公四十三年伐晉毀黃城圍陽狐（正義曰括地志云故黃城在魏州冠氏縣南十里陽狐郭在魏州元城縣東北三十二里也）明年伐魯葛及安陵（正義曰括地志云故魯城在許昌縣南四十里本魯朝宿邑長葛故城在許州長葛縣北十二里鄭之葛邑也鄢陵故城在許州鄢陵縣西北十五里李奇云六國時為安陵也）明年取魯之一城莊子卒子太公和立（索隱曰紀年齊宣公十五年田莊子卒明年立田悼子悼子卒乃次立田和是莊子後有悼子蓋立年無幾所以作系本及史記者不得錄也而莊周及

鬼谷子亦云田成子殺齊君十二代而有齊國今據系本系家自成子至王建之滅秖十代若如紀年則悼子及侯剡即有十二代與莊子鬼谷說同明紀年亦非妄說也）

田太公相齊宣公宣公四十八年取魯之郕（正義曰音城括地志云故郕城在兗州泗水縣西北五十里說文云郕魯孟邑是也）明年宣公與鄭人會西城伐衛取毌丘（索隱曰毌音貫古國名衛之邑今作毌者字殘缺耳。正義曰括地志云故貫城即古貫國故貫今名濛澤城在曹州濟陰縣南五十六里也）宣公五十一年卒田會自廩丘反（索隱曰紀年宣公五十一年公孫會以廩丘叛於趙十二月宣公薨於周正為明年二月）宣公卒子康公貸立（徐廣曰十一年伐魯取最。索隱曰貸音土代反最音祖外反）貸立十四年淫於酒婦人不聽政太公乃遷康公於海上食一城以奉其先祀明年魯敗齊平陸（徐廣曰東平平陸。正義曰兗州縣也）三年

太公與魏文侯會濁澤徐廣曰康公之十六年。索隱曰徐廣蓋依年表爲說。而不省此上文貸立十四年又云明年會平陸又二年會濁澤是十八年表及此註並誤求爲諸侯魏文侯乃使使言周天子及諸侯請立齊相田和爲諸侯周天子許之康公之十九年田和立爲齊侯列於周室紀元年齊侯太公和立二年和卒徐廣曰伐曾破之子桓公午立索隱曰紀年齊康公五年田侯午生二十二年田侯剡立後十年齊田午弒其君及孺子喜而爲公春秋後傳亦云田午弒田侯及其孺子喜而兼齊是爲桓侯與此系家不同也桓公午五年秦魏攻韓韓求救於齊齊桓公召大臣而謀索隱曰大臣謂騶忌段干朋如戰國策威王二十六年邯鄲之役有此謀臣耳又南梁之難在宣王二年有騶子田忌孫臏之謀戰國策又有張丑其詞前後交互是記者所取各異故不同也曰蚤救

之孰與晚救之騶忌曰不若勿救段干朋曰索隱曰段干姓朋名也戰國策作段干綸不救則韓且折而入於魏不若救之田臣思曰索隱曰戰國策作田期思紀年謂之徐州子期蓋即田忌也過矣君之謀也秦魏攻韓楚趙必救之是天以燕予齊也桓公曰善乃陰告韓使者而遣之韓自以爲得齊之救因與秦魏戰楚趙聞之果起兵而救之齊因起兵襲燕國取桑丘正義曰括地志云桑丘故城俗名敬城在易州遂城縣尔時齊伐燕桑丘魏趙來救之魏趙世家並云伐齊至桑丘皆是易州六年救衛桓公卒索隱曰紀年梁惠王十三年當齊桓公十八年後威王始見則桓公十九年而卒與此不同子威王因齊立是歲故齊康公卒絕無後奉邑皆入田氏

齊威王元年三晉因齊喪來伐我靈丘正義曰靈丘河東蔚州縣按靈丘此時屬齊三晉因喪伐之韓魏趙世家云伐齊至靈丘皆是蔚州三年三晉滅晉後而分其地六年魯伐我入陽關徐廣曰在鉅平正義曰括地志云魯陽關故城在兗州博城縣南二十九里西臨汶水也晉伐我至博陵正義曰在濟州西界也七年衛伐我取薛陵九年趙伐我取甄威王初即位以來不治委政卿大夫九年之閒諸侯並伐國人不治於是威王召即墨大夫而語之曰自子之居即墨也正義曰萊州膠水縣南六十里即墨故城是也毀言日至然吾使人視即墨田野闢民人給官無留事東方以寧是子不事吾左右以求譽也封之萬

家召阿大夫語曰自子之守阿譽言日聞然使使視阿田野不闢民貧苦昔日趙攻甄正義曰音絹即濮州甄城縣北合在即墨字上也子弗能救衛取薛陵子弗知是子以幣厚吾左右以求譽也是日烹阿大夫及左右嘗譽者皆并烹之遂起兵西擊趙衛敗魏於濁澤而圍惠王惠王請獻觀以和解趙人歸我長城於是齊國震懼人人不敢飾非務盡其誠齊國大治諸侯聞之莫敢致兵於齊二十餘年騶忌子以鼓琴見威王威王說而舍之右室須史王鼓琴騶忌子推戶入曰善哉鼓琴王勃然

不說去琴按劒曰夫子見容未察何以知其善也騶忌子曰夫大弦濁以春溫者君也小弦廉折以清者相也琴操曰大弦者君也寛和而溫小弦者臣也清廉而不亂。索隱曰春秋後語溫字作春春氣溫義亦相通蔡邕曰凡絃以緩急爲清濁琴緊其絃則清縵其絃則濁清濁者言琴之聲也攫之深徐廣曰以爪持也攫音己足反醳之愉者徐廣曰一作舒。索隱曰醳音釋與下文舍字並同愉音舒政令也鈞諧以鳴大小相益回邪而不相害者四時也吾是以知其善也王曰善語音騶忌子曰何獨語音夫治國家而弭人民皆在其中王又勃然不說曰若夫語五音之紀信未有如夫子者也若夫治國家而弭人民又何爲乎絲

桐之間騶忌子曰夫大弦濁以春溫者君也小弦廉折以清者相也攫之深而舍之愉者政令也鈞諧以鳴大小相益回邪而不相害者四時也夫復而不亂者所以治昌也連而徑者所以存亡也故曰琴音調而天下治夫治國家而弭人民者無若乎五音者王曰善騶忌子見三月而受相印淳于髡見之曰善說哉髡有愚志願陳諸前騶忌子曰謹受教淳于髡曰得全全昌失全全亡索隱曰得全謂人臣事君之禮全具無失故云得全也全昌者謂若無失則身名獲昌故云全昌也騶忌子曰謹受令請謹毋離前索隱曰謂佩服此言常無離君

故曰謹毋離前淳于髡曰狶膏棘軸所以爲滑也然而不能運方穿索隱曰狶膏猪脂也棘軸以棘木爲車輪至滑而堅也然而穿孔若方則不能運轉言逆理反經也故下忌曰請謹事左右言每事須順從也騶忌子曰謹受令請謹事左右淳于髡曰弓膠昔幹徐廣曰一作乾所以爲合也然而不能傅合疏罅索隱曰幹音孤悍反昔久舊也幹弓幹也考工記作枅幹則析昔音相近言作弓之法以膠被昔幹而納諸檠中是猶以勢令人合也傅音附罅音呼嫁反以言膠幹可以勢暫合而久亦不能常傅合於疏罅隙縫以言人臣自宜彌縫得所豈待拘以禮制法式者故下云請自附於萬人也騶忌子曰謹受令請謹自附於萬民淳于髡曰狐裘雖敝不可補以黃狗之皮騶忌子曰謹受令請謹擇君子毋雜小人其間淳于髡曰大車不較不能

載其常任琴瑟不較不能成其五音索隱曰較者校量也言有常制若車不較則車不能載常任琴瑟不較則琴不能成五音騶忌子曰謹受令請謹脩法律而督姦吏淳于髡說畢趨出至門而面其僕曰是人者吾語之微言五其應我若響之應聲是人必封不久矣新序曰齊稷下先生喜議政事騶忌既爲齊相稷下先生淳于髡之屬七十二人皆輕騶忌以爲設以微辭騶忌必不能及乃相與俱往見騶忌淳于髡之徒禮倨騶忌之禮卑淳于髡等稱辭騶忌知之如應響淳于髡等辭詘而去騶忌之禮倨淳于髡之禮卑故所以尚干將莫耶者貴其立斷也所以尚騏驥者爲其立至也必且歷日曠久則絲氂能挈石駑馬亦能致遠是以聰明捷敏人之美材也居朞年封以下邳號曰成侯威王二十三年與趙王會平陸二十四年與魏王會田於郊魏王問曰王

亦有寶乎威王曰無有索隱曰韓嬰詩外傳以爲齊宣王其說不同所以異也梁王曰若寡人國小也尚有徑寸之珠照車前後各十二乘者十枚柰何以萬乘之國而無寶乎威王曰寡人之所以爲寶與王異吾臣有檀子者索隱曰檀子齊臣檀姓子男子美稱大夫皆稱子盼子田盼也黔夫及種首皆臣名事悉具戰國策使守南城則楚人不敢爲寇東取泗上十二諸侯皆來朝索隱曰邾莒宋魯之比吾臣有盼子者使守高唐則趙人不敢東漁於河吾吏有黔夫者使守徐州則燕人祭北門趙人祭西門賈逵曰齊之北門西門也言燕趙之人畏見侵伐故祭以求福徙而從者七千餘家吾臣有種首者使備

盜賊則道不拾遺將以照千里豈特十二乘哉梁惠王慙不懌而去二十六年魏惠王圍邯鄲趙求救於齊齊威王召大臣而謀曰救趙孰與勿救騶忌子曰不如勿救段干朋曰不救則不義且不利威王曰何也對曰夫魏氏并邯鄲其於齊何利哉且夫救趙而軍其郊是趙不伐而魏全也故不如南攻襄陵正義曰襄陵故城在兗州鄒縣也以弊魏邯鄲拔而乘魏之弊威王從其計其後成侯騶忌與田忌不善公孫閱謂成侯忌曰索隱曰戰國策作公孫閈公何不謀伐魏田忌必將戰勝有功則公之

謀中也戰不勝非前死則後北而命在人矣於是成侯言威王使田忌南攻襄陵十月邯鄲拔齊因起兵擊魏大敗之桂陵索隱曰在威王二十六年。正義曰在曹州乘氏縣東北二十一里於是齊最彊於諸侯自稱爲王以令天下三十三年殺其大夫牟辛徐廣曰一作夫人。索隱曰牟辛大夫姓字也徐廣與年表並作夫人王劭按紀年云齊桓公十一年弒其君母宣王八年殺其王后然則夫人之字或如紀年之說三十五年公孫閱又謂成侯忌曰公何不令人操十金卜於市曰我田忌之人也吾三戰而三勝聲威天下欲爲大事亦吉乎不吉乎卜者出因令人捕爲之卜者驗其辭於王之所田忌聞

之因遂率其徒襲攻臨淄求成侯不勝而奔索隱曰按戰國策田忌前敗魏於馬陵因被讒不得入齊歷十年乃出奔也是時齊都臨淄且孟嘗列傳云田忌襲齊之邊邑其言爲得即與系家不同也三十六年威王卒子宣王辟彊立宣王元年秦用商鞅周致伯於秦孝公二年魏伐趙趙與韓親共擊魏趙不利戰於南梁索隱曰晉太康地記曰戰國謂梁爲南梁者別之於大梁少梁也。正義曰括地志云故梁在汝州西南二百步晉太康地記云戰國時謂南梁者別之於大梁少梁也古蠻子邑也宣王召田忌復故位韓氏請救於齊宣王召大臣而謀曰蚤救孰與晚救騶忌子曰不如勿救田忌曰弗救則韓且折而入於魏不如蚤救之索隱曰紀年威王十四年田肦伐梁戰馬陵戰國策云南梁之難有

張田對云早救之此云鄒忌者王劭云此時鄒忌死已四年又齊威此時未稱王故戰國策謂之田侯今此以田侯爲宣王又橫稱鄒忌者蓋此說皆誤耳孫子曰索隱曰孫臏夫韓魏之兵未弊

而救之是吾代韓受魏之兵顧反聽命於韓也

且魏有破國之志韓見亡必東面而愬於齊矣

吾因深結韓之親而晚承魏之弊則可重利而

得尊名也宣王曰善乃陰告韓之使者而遣之

韓因恃齊五戰不勝而東委國於齊齊因起兵

使田忌田嬰將徐廣曰嬰一作朌孫子爲帥救韓趙以擊

魏大敗之馬陵索隱曰在宣王二年殺其將龐涓虜魏太子

申其後三晉之王皆因田嬰朝齊王於博望正義

曰括地志云博望故城在鄧州向城縣東南四十五里盟而去徐廣曰表云三年與趙會博望伐魏七

年與魏王會平阿南正義曰沛郡平阿縣也明年復會甄魏

惠王卒索隱曰按紀年梁惠王乃是齊湣王爲東帝秦昭王爲西帝時此時梁惠王改元稱一年未卒也而系家及其後即爲魏襄王之年又以此文當齊宣王時實所不能詳考明年與魏襄王會

徐州諸侯相王也十年楚圍我徐州十一年與

魏伐趙趙決河水灌齊魏兵罷十八年秦惠王

稱王宣王喜文學游說之士自如騶衍淳于髡

正義曰贅壻齊人之稷下先生也田駢正義曰白眠反藝文志云田駢齊人遊稷下號天口駢作田子二十五篇

也接子正義曰齊人藝文志云接子二篇在道家流愼到正義曰趙人戰國時處士藝文志作

愼子四十二篇也環淵正義曰楚人孟子傳云環淵著書上下篇也之徒七十六人

皆賜列第爲上大夫不治而議論是以齊稷下學士復盛且數百千人劉向別録曰齊有稷門城門也談說之士期會於稷下也○索隱曰齊地記曰齊城西門側系水左右有講室趾往往存焉蓋因側系水故曰稷門古側稷音相近耳又虞喜曰齊有稷山立館其下以待游士亦異說也春秋傳曰莒子如齊盟于稷門是也十九年宣王卒子湣王地立索隱曰系本名遂湣王元年秦使張儀與諸侯執政會于齧桑三年封田嬰於薛四年迎婦于秦七年與宋攻魏敗之觀澤十二年攻魏楚圍雍氏徐廣曰在陽翟屬韓秦敗屈丐蘇代謂田軫曰臣願有謁於公其爲事甚完使楚利公成爲福不成亦爲福今者臣立於門客有言曰魏王謂韓馮

張儀曰徐廣曰韓之公仲侈也煮棗將拔徐廣曰在濟陰宛朐齊兵又進子來救寡人則可矣不救寡人寡人弗能拔索隱曰能猶勝也言不勝其拔故聽齊拔之耳此特轉辭也秦韓之兵毋東旬餘則魏氏轉韓從秦秦逐張儀索隱曰逐謂隨逐也交臂而事齊楚此公之事成也田軫曰奈何使無東對曰韓馮之救魏之辭必不謂韓王曰馮以爲魏必曰馮將以秦韓之兵東却齊宋馮因摶徐廣曰音專專猶并合制領之謂也。索隱曰摶音團謂握領也徐亦通三國之兵乘屈丐之獘南割於楚故地必盡得之矣張儀救魏之辭必不謂秦王曰儀以爲魏必曰儀且以秦韓之兵東距齊宋儀將搏三國之兵乘屈丐之獘（正義曰屈丐楚將為秦所敗今更欲乘之）南割於楚名存亡國實代三川而歸（索隱曰三川韓地也）此王業也公令楚王與韓氏地（索隱曰公謂陳軫）使秦制和謂秦王曰請與韓地而王以施三川（正義曰施張設也言秦王於天子都張設迫脅也）韓氏之兵不用而得地於楚韓馮之東兵之辭且謂秦何曰秦兵不用而得三川伐楚韓以窘魏魏氏不敢東是孤齊也張儀之東兵之辭且謂秦何曰秦韓欲地而兵有案聲威發於魏魏氏之欲不失齊楚者有資矣魏氏轉秦韓爭事齊楚楚王欲而無與地（徐廣曰楚王欲

得魏來事已而不欲與韓地也）公令秦韓之兵不用而得地有一大德也（正義曰蘇代謂陳軫今秦韓之兵不戰而得地陳軫於秦韓豈不有大恩德）秦韓之王劫於韓馮張儀而東兵以徇服魏公常執左券以責於秦韓（索隱曰券要也左不正也言我以右執其左而責之。正義曰左券下右券上也蘇代說陳軫以上券今秦韓不用兵得地而以券責秦韓劫韓馮張儀以徇服魏故秦韓善陳軫而惡張儀多取矣）此其善於公而惡張子多資矣十三年秦惠王卒二十三年與秦擊敗楚於重丘（徐廣曰表曰與秦擊楚使公子將大有功）二十四年秦使涇陽君質於齊二十五年歸涇陽君于秦孟嘗君薛文入秦即相秦文亡去二十六年（徐廣曰孟嘗君為相）齊與韓魏共攻秦至函谷軍焉二十八年秦與韓河外以和兵罷二十九年趙殺其主父齊佐趙滅中山徐廣曰三十年田甲劫王相薛文走三十六年王為東帝秦昭王為西帝蘇代自燕來入齊見於章華東門左思齊都賦註曰齊小城北門也而此言東門不知為是一門非耶。正義曰括地志云齊城章華之東有閭門武鹿門也齊王曰嘻善子來秦使魏冉致帝子以為何如對曰王之問臣也卒而患之所從來微願王受之而勿備稱也秦稱之天下安之王乃稱之無後也且讓爭帝名無傷也秦稱之天下惡之王因勿稱以收天下此大資也且天下立兩帝王以天下為尊齊乎尊秦乎

王曰尊秦曰釋帝天下愛齊乎愛秦乎王曰愛齊而憎秦曰兩帝立約伐趙孰與伐桀宋之利宋世家云宋王偃諸侯皆曰桀宋也王曰伐桀宋利對曰夫約鈞然與秦為帝而天下獨尊秦而輕齊釋帝則天下愛齊而憎秦伐趙不如伐桀宋之利故願王明釋帝以收天下倍約賔秦無爭重而王以其間舉宋夫有宋衛之陽地危正義曰按陽地濮陽之地。衛此時河南獨有濮陽也有濟西趙之阿東國危正義曰阿東阿也尓時屬趙故云東国危有淮北楚之東國危正義曰淮北徐泗也東国謂下相僮取慮也有陶平陸梁門不開正義曰陶定陶今曹州也平陸兗州縣也縣在大梁東界釋帝而貸之以伐桀宋

之事國重而名尊燕楚所以形服天下莫敢不聽此湯武之舉也敬秦以爲名而後使天下憎之此所謂以卑爲尊者也願王孰慮之於是齊去帝復爲王秦亦去帝位三十八年伐宋秦昭王怒曰吾愛宋與愛新城陽晉正義曰括地志云新城故城在宋州宋城縣界陽晉故城在曹州乘氏縣西北三十七里同韓聶與吾友也而攻吾所愛何也蘇代爲齊謂秦王曰韓聶之攻宋所以爲王也齊彊輔之以宋楚魏必恐恐必西事秦是王不煩一兵不傷一士無事而割安邑也正義曰年表云秦昭王二十一年魏納安邑及河內此韓聶之所禱於王也秦

王曰吾患齊之難知一從一衡其說何也對曰天下國令齊可知乎齊以攻宋其知事秦以萬乘之國自輔不西事秦則宋治不安索隱曰戰國策作宋地不安中國白頭游敖之士皆積智欲離齊秦之交伏式結軼西馳者未有一人言善齊者也索隱曰軼音姪軼者車轍也言車轍往還如結也戰國策作結靷伏式結軼東馳者未有一人言善秦者也何則皆不欲齊秦之合也何晉楚之智而齊秦之愚也晉楚合必議齊秦齊秦合必圖晉楚請以此決事秦王曰諾於是齊遂伐宋宋王出亡死於温正義曰懷州有温城齊南割楚之淮北西

侵三晉欲以并周室爲天子泗上諸侯鄒魯之君皆稱臣諸侯恐懼三十九年秦來伐拔我列城九四十年燕秦楚三晉合謀各出銳師以伐敗我濟西（徐廣曰案其餘諸傳無楚伐齊事年表云楚取淮北）王解而卻燕將樂毅遂入臨淄盡取齊之寶藏器湣王出亡之衛衛君辟宮舍之稱臣而共具湣王不遜衛人侵之湣王去走鄒魯有驕色鄒魯君弗內遂走莒楚使淖齒將兵救齊（索隱曰淖音女教反）因相齊湣王淖齒遂殺湣王而與燕共分齊之侵地鹵器（正義曰鹵掠齊寶器也）湣王之遇殺其子法章變名姓爲莒太史敫（徐廣曰音躍一音皎）家庸太史敫女奇法章狀貌以爲非恒人憐而常竊衣食之而與私通焉淖齒既以去莒莒中人及齊亡臣相聚求湣王子欲立之法章懼其誅己也久之乃敢自言我湣王子也於是莒人共立法章是爲襄王以保莒城而布告齊國中王已立在莒矣襄王既立立太史氏女爲王后是爲君王后生子建太史敫曰女不取媒因自嫁非吾種也汙吾世終身不覩君王后君王后賢不以不覩故失人子之禮襄王在莒五年田單以即墨攻破燕軍迎襄王於莒入臨

菑齊故地盡復屬齊齊封田單爲安平君（正義曰安平城在青州臨淄縣東十九里古紀之酅邑也）十四年秦擊我剛壽十九年襄王卒子建立王建立六年秦攻趙齊楚救之秦計曰齊楚救趙親則退兵不親遂攻之趙無食請粟於齊齊不聽周子曰（索隱曰蓋齊之謀臣史失名也戰國策以周子爲蘇秦而楚字皆作燕然此時蘇秦死已久矣）不如聽之以退秦兵不聽則秦兵不卻是秦之計中而齊楚之計過也且趙之於齊楚扞蔽也（正義曰此時秦伐趙上黨欲克無意伐齊楚故言趙之於齊楚爲扞蔽也）猶齒之有脣也脣亡則齒寒今日亡趙明日患及齊楚且救趙之務宜若奉漏甕沃焦釜也夫

救趙高義也卻秦兵顯名也義救亡國威卻彊秦之兵不務爲此而務愛粟爲國計者過矣齊王弗聽秦破趙於長平四十餘萬遂圍邯鄲十六年秦滅周君王后卒二十三年秦置東郡二十八年王入朝秦秦王政置酒咸陽三十五年秦滅韓三十七年秦滅趙三十八年燕使荆軻刺秦王秦王覺殺軻明年秦破燕燕王亡走遼東明年秦滅魏秦兵次於歷下四十二年秦滅楚明年虜代王嘉滅燕王喜四十四年秦兵擊齊齊王聽相后勝計不戰以兵降秦秦虜王建

遷之共地理志河內有共縣。正義曰今衛州共城縣也遂滅齊爲郡天下壹并於秦秦王政立號爲皇帝始君王后賢事秦謹與諸侯信齊亦東邊海上秦日夜攻三晉燕楚五國各自救於秦以故王建立四十餘年不受兵君王后死后勝相齊多受秦間金多使賓客入秦秦又多予金客皆爲反間勸王去從朝秦不脩攻戰之備不助五國攻秦秦以故得滅五國五國已亡秦兵卒入臨淄民莫敢格者王建遂降遷於共故齊人怨王建不蚤與諸侯合從攻秦聽姦臣賓客以亡其國歌之曰松耶

栢耶住建共者客耶徐廣曰戰國策曰秦處建於共松栢間也。索隱曰耶音邪謂是建客耶客說建住言遂乃失策令建遷共今在河內也疾建用客之不詳也索隱曰謂不詳審用客不知其善否也

太史公曰蓋孔子晚而喜易易之爲術幽明遠矣非通人達才孰能注意焉故周太史之卦田敬仲完占至十世之後及完奔齊懿仲卜之亦云田乞及常所以比犯二君索隱曰比如字又頻律反二君即悼公簡公也專齊國之政非僖子廢晏孺子鮑牧以乞故殺悼公而成子又殺簡公故云田氏比犯二君也必事勢之漸然也蓋若遵厭兆祥云

索隱述贊曰

田完避難　奔于大姜　始辭羈旅
終然鳳皇　物莫兩盛　代五其昌
二君比犯　三晉爭彊　和始擅命
威遂稱王　濟急燕趙　弟列康莊
秦假東帝　莒立法章　王建失國
松栢蒼蒼

史伍阡捌伯壹拾柒字
註叁阡伍伯柒拾伍字

田敬仲完世家第十六　史記四十六